Rose

バラの文化誌

キャサリン・ホーウッド 著
Catherine Horwood

駒木 令 訳

花と木の
図書館

原書房

［……］は訳者による注記である。

つるバラの〈ニュー・ドーン〉。アーチにからんで生い茂っている。シュロップシャー州ウォラトン・オールド・ホールにて。

序章　世界でもっとも愛される花

２０１７年春、イギリスの公共放送ＢＢＣの人気テレビ番組「ガーデナーズ・ワールド」は番組開始50周年を祝い、「過去50年間でもっとも重要で影響力のあった園芸植物」について視聴者投票を呼びかけた。もちろん、第1位はバラだった。世界でいちばん人気のある花に、ほかのなにがたちうちできただろう？　カナダのアルバータ州からオーストラリアまで、多くの庭で少なくとも１本は咲いている。たとえ自宅で育てることができなくても、人は人生のどこかで切り花を買ったり、心を震わせてさわったりした瞬間があったのではないだろうか――結婚式や記念日、誕生や死などの人生の大切な節目に、わたしたちは往々にしてこの花を選ぶ。

バラはエジプトの女王やローマ皇帝、中世の僧侶や十字軍の騎士、テューダー朝などの多くの君主たちに好まれた。過去の薬草学者や薬剤師も、現在の植物学者や調香師も、バラの癒やしの特性と芳香を珍重してきた。宗教や王権、政治や愛国心、装飾や文学において、これほど高い地位を占める花はない。また、バラは個人とも深い絆をむすび、忠誠心や献身、ときには複雑な悲しみの源泉となる。19世紀後半、英国バラ協会［英国王立バラ協会の前身］の初代会長サミュエル・レイノルズ・ホール司祭はかわいそうに、5000本のバラの剪定《せんてい》を見ているのがつらくて、終わるまで家を離れていたという――実際に剪定作業をしなければならない人々の姿にも胸がしめつけられたのだろう。

バラは、質素なコテージのドアを縁取る香り高いつるバラから、正式なバラ園に咲く色とりどりのものまで、イギリス庭園の核心となっている。とはいえ、バラの物語は世界的にならざるをえない――中国や日本、ペルシアの草原地帯をはじめ、ヨーロッパ諸国の王室やアメリカの愛好家の心を魅了してきたのだから。バラ（rose）は愛とロマンスを象徴する普遍的な花であり、エロス（eros）のアナグラム［つづりを変えた語句］でもある。

「うちのバラ」という場合、人はたいてい大きさや色、習性を思い浮かべる。たとえばキッチンの壁を覆い、夏中目を楽しませてくれる大きく美しいピンクの花。あるいは縁取り花壇の深紅の花（わらしたちはそれを切って家に飾り、室内でかぐわしい香りを楽しんだりする）。もしくは前の住人が植えたまま生い茂っているオレンジ色の花（もはや掘り起こす気にもならなければ、その気力もない）。わが家のバラの名前や、それがつる性なのか半つる性なのか、あるいは木立ち性のハイブリッド・ティー系なのかを知っている人も多いだろう。しかしその歴史については、知らない人がほとんどではないだろうか。たとえば、キッチンの壁に咲いている淡桃《うすもも》色の花は〈ニュー・ドーン〉かもしれない。これはつる性のモダン・ローズの歴史を開いた花で、1930年に作出《さくしゅつ》された［「作出」とは新しい品種を作り出すこと］。晩春から初秋にかけて可憐な花を咲かせ、1997年には「栄誉の殿堂入り」［3年ごとの世界バラ会議で選ばれる「世界中で愛される名花」のこと］を果たしている。もちろん、この花を育てて楽しむのに系統の知識は必要ないが、〈ニュー・ドーン〉の交配親の祖先には最初期――1820年代――に中国からヨーロッパに導入されたバラのひとつ、〈パークス・イエロー・ティーセンティド・チャイナ〉があり、中国系のバラの遺伝子を持っているということがわかれば、開花期の長さや繊細な花姿を理解する助けにはなるだろう。

本書におけるわたしの課題は、何世紀もの長きにわたり世界各地でバラがいかなる意味を持っていたのか、そのエッセンスを抽出することだった――そう、ブルガリアのバラ生産者が花びらから油分を抽出するように。アメリカの詩人にして小説家のガートルード・スタイン（1874～1946年）は「バラはバラでありバラでありバラである」とうたったが、そうではなかった。植物の学名の父カール・リンネ（1707～78年）でさえ、1753年に「バラ属の種を決定するのは非常にむずかしく、ごく少数の種しか見たことのない人のほうが、数多くの種を調べた人よりも容易に見分けをつけられる」と述べている。[1]

バラという花がいつ誕生したのか、明確に知ることはできない。北米で発見されたバラの化石は、約5600万年前から3390万年前の温暖湿潤な気候だった始新世《ししんせい》のものと考えられている。アメリカのコロラド州の中央部では、なんとその名も花にふさわしいフロリサント化石層国定公園で約3500万年前のバラの化石が見つかった。最近では、2012年に中国南西部の雲南省で化石が発見されている。これは約2500万年前から500万年前の中新世のもので、世界でもっとも保存状態のよいバラの葉の化石のひとつだ。学名はロサ・フォルトゥイタ（*Rosa fortuita* n. sp.）と

2012年に中国南西部の雲南省で発見されためずらしい「バラの葉の化石」ロサ・フォルトゥイタ。

命名された［n. sp. は nova species（新種）の略］。発見できたのは「幸運な（fortunate）状況」のおかげだったから、という理由による。[2] その後研究チームは、中国南西部に自生するバラの野生種、とくに中国からタイ、ベトナムにかけて分布するロサ・ヘレナエ（*R. helenae*）との直接的なつながりをあきらかにしている。

しかし、バラがこれほど広範囲に分布していたのなら、なぜもっとたくさんの化石が発見されないのだろう？ アメリカの古生物学者チャールズ・レッサーによれば、たいていの場合、バラは化石になりにくい乾燥した地域に生育するからだという。バラの化石は北半球（アジアとヨーロッパと北米）でしか発見されていないので、北のおもな大陸が地続きだった頃に生育域を広げていったと思われる――遠い祖先の人々がそうだったように。数々のバラは、今も北半球の自然界で咲いている。たとえば日本の海岸に自生する丈夫なロサ・ルゴサ（*R. rugosa*）［和名はハマナス］、中央アジアから中東、ヨーロッパで認められる香り高いロサ・ダマスケナ（*R. damascena*）、そして北米西海岸に分布するロサ・カリフォルニカ（*R. californica*）などである。

18世紀後半に中国から開花期の長いバラが伝来するまで、ヨーロッパの園芸家が栽培するのはおもにガリカ、ダマスク、アルバ、ケンティフォリアなど、かなり少数の品種にかぎられていた。これらは現在「オールド・ローズ」と呼ばれている（くわしくは巻末の「バラの種類」を参照）。ガリカはもっとも古くから知られているバラのひとつだが、ダマスク・ローズは16世紀なかばに西ヨーロッパで栽培種として確立された。ダマスクと、現在もよく生け垣に使われる野生種のイヌバラ（ドッグ・ローズ、学名ロサ・カニナ *R. canina*）を交配して作りだされたのが、美しいアルバである。そしておそらく16世紀後半だろう、アルバとオータム・ダマスクの交雑によってケンティフォリア――別名「キャベッジ・ローズ」――が生まれた。葉ボタンのように花弁が密生しており、17世紀の画家や20世紀の織物デザイナーに深く愛されたバラである。

18世紀と19世紀には、世界中からさまざまな植物がヨーロッパに導入された。バラも例外ではなく、バラ栽培と品種改良への関心も高まった。この時代に生まれた非常にめずらしい品種のなかには、現在も栽培されているものがある。どのバラであれ、もともとの祖先は純粋な野生種だったわけだが、必然的に自然交配が起こり、もはや野生種には分類できかねる変種が現れた。バラの分類はしだいに複雑になり、育種家でさえ自分のところの新品種の祖先がなんだったのか判断しきれない事態になった。18世紀以降、バラはリンネの分類体系にしたがい、おもに肉眼での詳細な観察にもとづいて分類されている。1920年代に、ケンブリッジ大学植物園の遺伝学者チャールズ・チェンバレン・ハーストはバラの遺伝的構成の研究をはじめた。そして25年の歳月をついやしてバラの系統図を完成させ、ヨーロッパにおけるもっとも古い種はロサ・カニナ、モスカタ（*R. moschata*）、ガリカであると結論した。近年の日本のDNA研究によってハーストの説の一部は否定されたが、現代バラ遺伝学の基礎を築いたハーストの業績は大きい。

何世紀にもわたってバラは育種家を競争に駆りたてたが、それと同時に仲間意識や、国の違いを乗り越えようとする気運もはぐくんだ。芽を出した貴重な挿《さ》し木《き》は海を渡り、戦争さえものともせずに運ばれた。ルイ・クロードとフィリップ・ノワゼット兄弟は、それぞれパリとサウスカロライナ州チャールストンで種苗商を営み、1810年代に大西洋を越えてバラを交換した。またナポレ

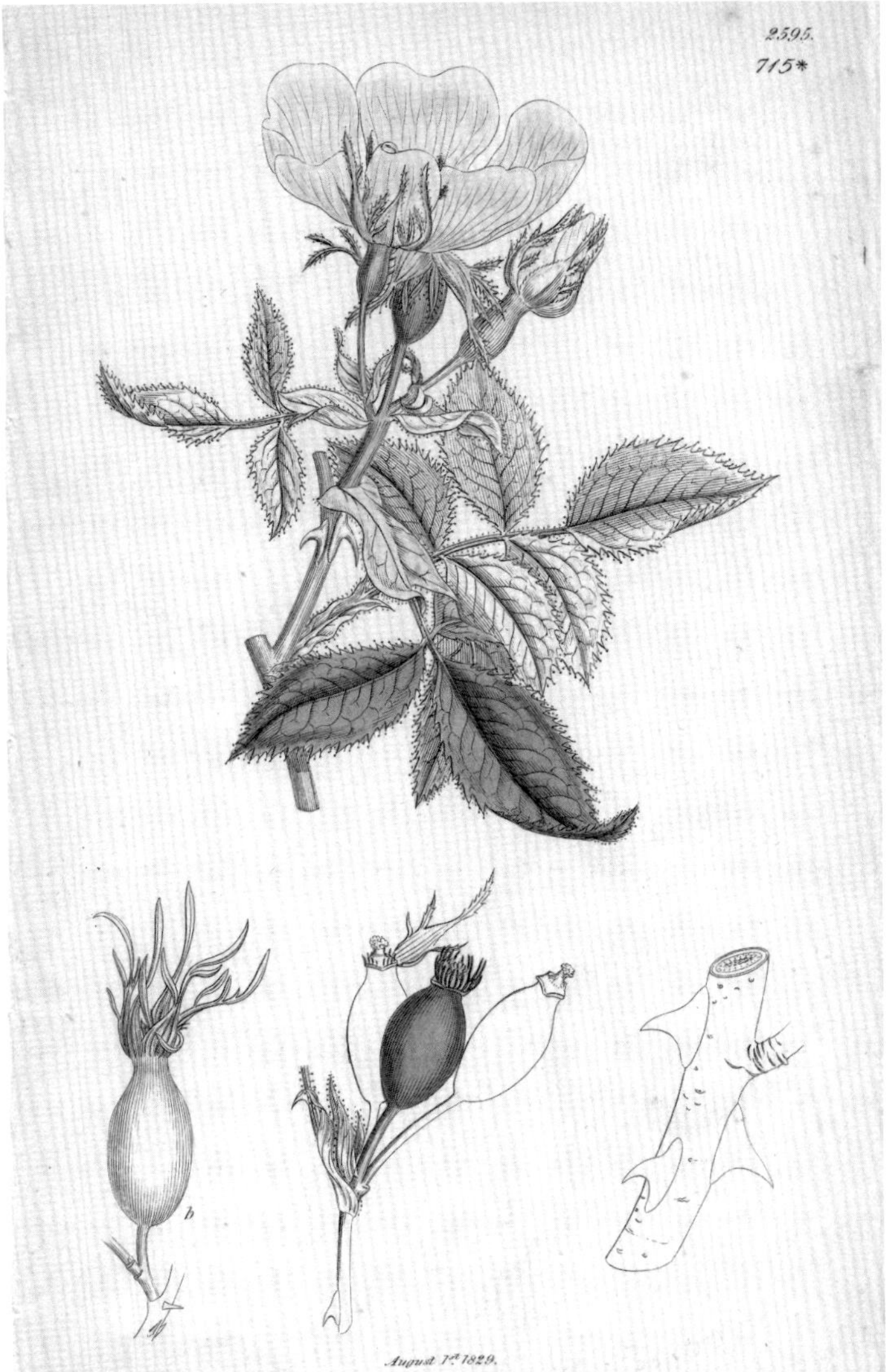

ロサ・カニナ。イギリスの生け垣によく使われるイヌバラ。ジェームズ・サワビー画、1821年。水彩画の印刷。

オン妃ジョゼフィーヌは、夫の港がイギリス海軍に封鎖されているという些末な問題を尻目に、敵国イギリスのバラを含めた既知の品種すべてを集めようとした。

1867年、最初のハイブリッド・ティー系のバラ〈ラ・フランス〉が登場し、バラの歴史は新たな段階に進んだ［ハイブリッドとは人工交配の意］。それから80年近くを経て、フランスのフランシス・メイアンが第2次世界大戦中に作出したハイブリッド・ティー系のバラのうち、アメリカに渡った苗木は1945年に〈ピース〉と名づけられ、平和の到来とともに多くの人の心をとらえた［フランス語の正式名称は〈マダム・アントワーヌ・メイアン〉］。1945年にサンフランシスコで最初の国際連合の会議が開催された際、参加各国の代表にこの花が贈られている。〈ピース〉の販売総数は1980年までに100万本を超え、1995年には第2次世界大戦終結50周年を祝い、各地の「平和」公園に広く植樹された。

こうした逸話は、20世紀を代表するバラの園芸品種、ハイブリッド・ティー系とフロリバンダ系の人気の一端を示すにすぎない。いずれも夏のあいだじゅう咲き、1867年以前の栽培種オールド・ローズよりもかなり病気に強い。この二系統はほかの品種とは別に、昔から確固たる地位を築いてきた。しかしながら流行は移り変わり、伝統ある二系統は新たに登場した半つる性バラの挑戦を受けている。このグループは木立ち性とつる性の中間に位置するバラで、とても人気がある。21世紀の今日、モダン・ローズの半つる性の分野では、デビッド・オースチンのイングリッシュ・ローズが圧倒的な支持を集めている。また、アメリカのアマチュア育種家ウィリアム・ラドラーが作出した〈ノックアウト〉シリーズは、環境の緑化や修景［都市計画や道路計画などで景観を整備すること］

用のバラとしてもすぐれており、ラドラーの名を高めた。こうした大ヒット作品の背景には、これぞというバラができるまで無数の苗を根気よく育ててきた育種家の長年にわたる努力がある。新品種完成をめざす彼らの飽くなき探究心のおかげで、今はほとんど病気にかからない、夏の初めから終わりまで花を咲かせる芳香性のバラの数々を楽しめるようになった（モダン・ローズについては巻末の「バラの種類」を参照）。

バラ愛好家の世界には、オールド・ローズのみを真の品種とみなす人もいれば、それとは反対の立場をとり、オールド・ローズなど1年に2週間しか花を咲かせない病気がちな品種だと切り捨てる人もいる。実際、ハイブリッド・ティー系やフロリバンダ系が登場したあとの20世紀なかば、イギリスではグレアム・ステュアート・トーマス［グラハムと表記されることもある］、ヴィタ・サックヴィル＝ウエスト、コンスタンス・スプライなどの尽力によって、オールド・ローズの多くの品種が消滅の危機から救われた。近年のアメリカでは、１９８０年代にその名も楽しい「テキサス・ローズ・ラスラーズ」［「テキサスのバラ泥棒」の意］が結成され、アメリカの由緒あるオールド・ローズを絶滅から救おうと、墓地や放棄された庭園から挿し木を集める活動をはじめた。彼らに共感する人々が増え、活動の輪は全国に広がっている。

１９３６年、バラ史家のエドワード・バンヤードはバラを「文明の指標」と評した。[3] バラに関する最古の資料は、古代の中国やエジプト、ギリシア、ローマの時代にさかのぼる。ローズ（rose）という語は、ラテン語のロサ（rosa）から来ており、その語源は古代ギリシア語のロドン（rhodon）とされている。地中海に浮かぶロードス島はその花にちなんで名づけられたものであり、花を刻印

カサーレ荘の床モザイク「ビキニの少女たち」(部分)、４世紀前半、シチリア島。優勝者がバラの花冠をかぶっている。

した硬貨が鋳造されていた。ペルシア（現代のイラン）もバラ物語の中心的存在だ。ペルシアには多くの野生種があるばかりでなく、バラにまつわる数々の伝説や芸術、文学を生みだした。西洋諸国でも「ローズ」「ロサ」は「ばら色」をあらわす言葉として根づいている。たとえば、ロゼワイン。世界を善良で美しいものに見せるという比喩表現の「ばら色の眼鏡」。あるいは、シャンソンの名歌「ばら色の人生《ラ・ヴィ・アン・ローズ》」――。

これほど象徴的な意味を持つ花はほかに存在しない。キリスト教では、バラはしばしば愛、死、純潔の象徴とされる。カトリックのロザリオは祈りに欠かせない。オスマン帝国はバラを愛し、モスクや庭園、台所を飾り、入浴の際にも使用した。14世紀から16世紀にかけて、アラブ人と十字軍は芳香性の品種を初めて西ヨーロッパにもたらした。それ以来、何世紀にもわたってフランスがヨーロッパにおけるバラ栽培の中心地となった。その名声は19世紀にピークを迎える。皇后ジョゼフィーヌはあらゆる品種を集めるために大金を投じ、そのコレクションはパリ近郊の皇后の居館マルメゾン城に植えられた。

バラはイギリスの王族にとっても重要な花である。ランカスター家の赤バラ、ヨーク家の白バラの紋は、王位をめぐるバラ戦争の象徴となった。この内乱は後述するようにシェイクスピアによって大胆に脚色されたが、赤と白を組み合わせたテューダー・ローズは偉大な王朝を象徴するものとなり、現在もイングランドの国花として使用されている［イギリスは同君連合型の国家なので各構成国に国花がある］。エリザベス2世の1953年の戴冠式では、女王の大礼服にはなじみのある赤白のバラの刺繍がほどこされていた。女王の在任期間中、1982年から2008年まで使用された20ペンス硬貨をはじめ、裏にバラを刻印した新硬貨が数種類つくられている。

しかし、イギリスはバラの独占的権利を持っているわけではない。多くの国がバラを国家の象徴に選んでいる。世界有数のバラ油生産国のブルガリア。ペルシアやメソポタミアと呼ばれた古代文明の時代から、最古の美しいバラの故郷のひとつだったイランとイラク。そのほか、チェコ、エクアドル、ルクセンブルク、モルディブ、スロバキアもそうである。アメリカは1986年にバラを国花に制定した。また、バラはスポーツとも関連している。カリフォルニア州パサディナのローズボウル競技場は、1890年からパサディナの新年恒例の行事となったローズ・パレードにちなんで命名された。

「まったく、これまでの著者たちがバラに夢中になったことといったら！」と17世紀イギリスの本草学者ニコラス・カルペパーは1653年の著作『完全なる本草書 *Complete Herbal*』で嘆いた。「ど

ピエール＝ジョゼフ・ルドゥーテ画「ロサ・ガリカ／ロジエ・ド・フランス」。デュアメル・デュ・モンソー『フランス樹木誌』〔新版〕より（1801～19年）。

れもこれもくわしく書いたら、この本はとんでもない厚さになってしまう」。わたしも彼の意見に同感だ。自宅のたわんだ本棚や、数々の図書館の書棚から判断するに、「バラに夢中」の著者はいつの時代にも存在し続けた。ペルシアの詩人ウマル・ハイヤームから、フランスで刊行されるや中世のベストセラーになった『薔薇物語』、シェイクスピア、ロマン派の詩人まで、バラにまつわる文学はこの花の豊かな遺産となっている。

美術や舞台芸術の世界でもバラは重要なテーマだ。オランダ絵画の巨匠たちにはそれぞれお気に入りの花があり、花を食べる虫までも画面に描いた。ピエール＝ジョゼフ・ルドゥーテの『バラ図譜』は、19世紀前半に出版されて以来絶版になることなく、今も世界中で高い人気を誇っている。ドイツの作曲家リヒャルト・シュトラウスのオペラ「ばらの騎士」や、ロシアの振付家ミハイル・フォーキンのバレエ「薔薇の精」は、ロマンティックな世界に人々をいざなう。そして中世の吟遊詩人から21世紀のポップスターまで、バラはあらゆるスタイルのラブソングの中心に位置する。タイトルに「バラ」を含む歌は４０００以上におよぶ。また、うなじにつけるのであれ、花束にするのであれ、数千年ものあいだ贅沢品として珍重されたバラの香りを誰が無視できるだろう？

本書の執筆にあたり、これまで４つの庭で自分が育てたバラの品種を数えてみた。今までのところ——１００種類。わたしがいちばん好きなのはどれか？　それはどの子がいちばん好きかを決めるのに等しい。バラはときに手に負えないときもあるが、いつも魅力にあふれている。その質問に答えるのは不可能だ。わたしはどのバラも愛している。

第1章　いにしえのバラ

キュー王立植物園（キューガーデン）の植物標本館には無数の乾燥植物標本が保存されている。ある浅型の長方形の箱もそのひとつだ。内部には、パピルスの茎を刺した花のつぼみがいくつかおさめられている。かたわらには、ふつうの数個のつぼみと、今にも崩れそうな花弁が1枚。どれも経年変化で茶色くなっている。それはそうだろう——紀元170年のものなのだから——しかしどれほど乾燥していようと、この花のつぼみがなんであるかは疑いようがない。そう、バラだ。このバラ標本は1880年代後半、ウィリアム・フリンダーズ・ピートリー卿が北エジプトのハワラの発掘現場で見つけた。遺体をおさめた棺のなかに入っていたという。発見されるまで17世紀もの長きにわたり、乾いた砂がいにしえのバラを保ち続けたのである。

ハワラの標本の一部を受け取ったフランスのバラ育種家ピエール＝フィレモン・コシェ（1823～98年）は、「わたしは世界の辺境からバラや植物、土の標本を送ってもらってきましたが、あなたからの小包を開けたときほどの感動を味わったことはありません！」と書いている。[1] コシェの手

ロサ・リカルディー。1880年代後半にエジプトのハワラ遺跡で標本が発見された当時はロサ・サンクタと呼ばれた。

のなかにあったのは、知られているかぎり、現存する世界最古のバラ標本だった。彼の背筋が震えたのもむりはない。これは古代世界でバラがどのように使われていたのか、そしてどの種が存在したのかを明白に示す証拠だった。キュー王立植物園に到着した当時はロサ・サンクタ（*R. sancta*、「神聖なバラ」の意）と命名されたが、現在この種はもっと散文的にロサ・リカルディー（*R.* × *richardii*）と呼ばれている［学名の×（乗算記号）は交雑種であることを示す］。ハワラでの発見以前、植物史家は古代世界でのバラの役割について、陶器の破片や絹布《けんぷ》に描かれた絵、詩や聖典の記述など、さまざまな資料に頼っていた。

壊れやすいハワラのつぼみはいくつ

もの疑問を投げかける。まず、古代のバラはどこでどのように栽培されていたのだろうか。中国東部の江蘇省《こうそ》で発見された紀元前3500年頃の陶器の破片には、バラかどうかはわからないが、5枚の花弁を持つ花が描かれている。中国には最古のバラ栽培者であると主張する権利があるが、最初期にどのような品種が栽培されていたのかを示す文書はほとんど残っていない。というのも、中国統一を果たした秦の始皇帝（前259〜前210年）の焚書《ふんしょ》によって無数の書物が破棄されたからである。しかし孔子（前551〜前479年）の書物は隠されるなどして消滅をまぬかれており、その記述によると、始皇帝のずっと前の時代から北京の宮廷の庭園で広くバラが栽培されていたという。

秦に続く漢の時代（前202〜後220年）には、宮殿の壁を野生のバラが覆っていたことがわかっている。しかしこうした庭園ができたのは、伝説上の炎帝神農《えんていしんのう》の時代（紀元前3000年頃）が最初とされており、バラがはるか昔から栽培されていたのはほぼまちがいないだろう。壁画から帛画《はくが》（帛という絹布に描いた絵）まで、バラは大昔の中国美術によく登場する素材だったが、牡丹や菊のような地位を得ることはなかった。

中国のバラ史家によれば、野生のバラが現在のチャイナ・ローズと呼ばれるものに進化したのは、ずっとあとの唐代末期の900年頃ではないかとされる。唐の詩人賈島《かとう》は庭づくりに関して「桃李《とうり》を栽《う》えずして薔薇を種《う》う」とうたっており、当時の人々にとって薔薇がよく知られた花だったことがわかる。この詩はまた、棘《とげ》の多い野生のバラとハマナス（ロサ・ルゴサ）、モッコウバラ（ロサ・バンクシアエ）の違いを知っていたことをうかがわせる。中国人はバラの栽培にたけていた。宋代

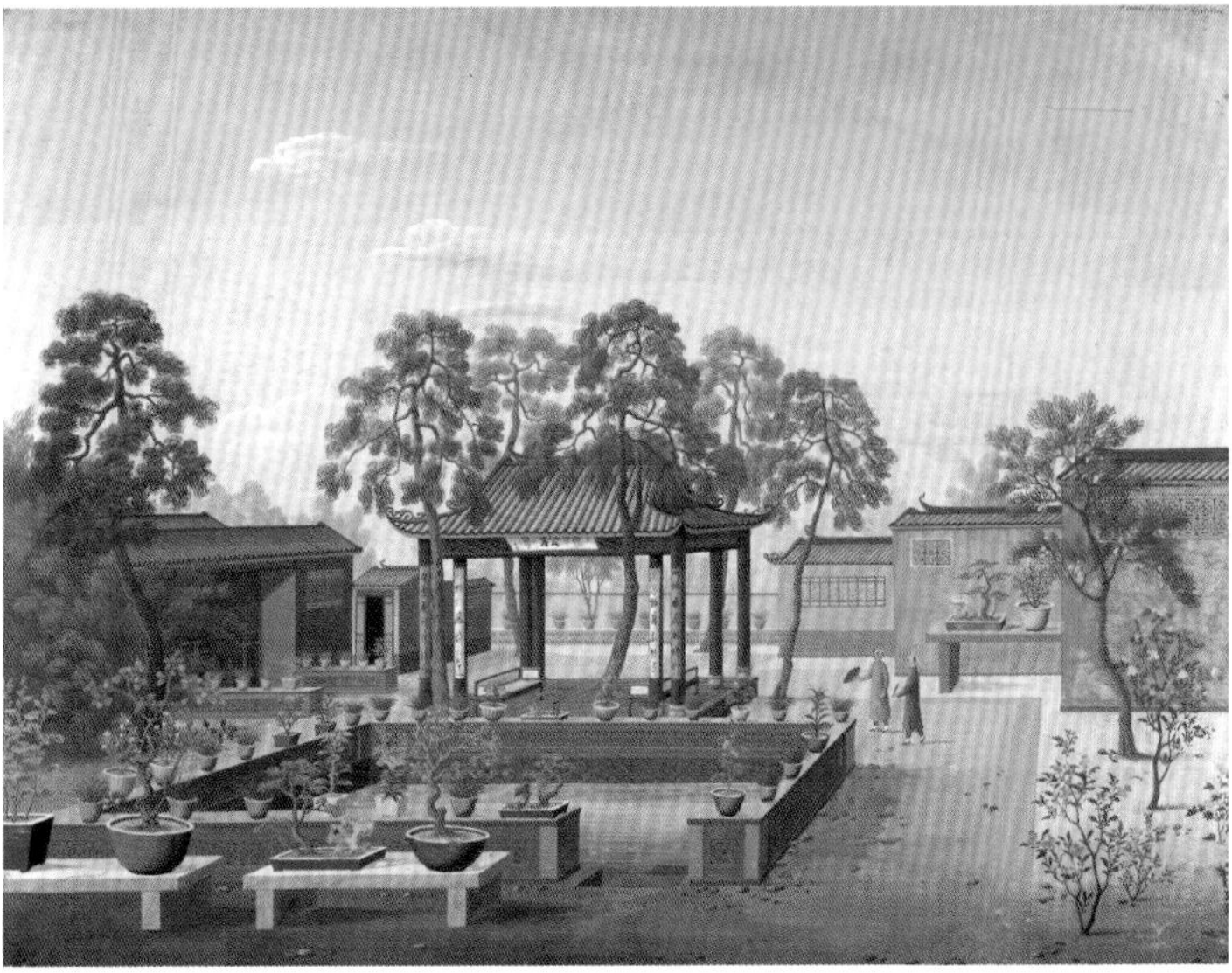

中国の富裕な商人の庭園。バラの木が植えられている。

（960〜1279年）から本格的に品種改良がはじまり、明代（1368〜1644年）にピークを迎え、中国全土で100種類以上の品種が栽培されるようになった。その多くが王《おう》象晋《しょうしん》の『群芳譜《ぐんほうふ》』（植物の百科全書／1621年）に記載されている。

中国の西方では、エーゲ海に浮かぶクレタ島に栄えたクレタ文明（ミノア文明またはミノス文明ともいう）（前2800〜前1400年頃）の壁画に初めてバラが登場する。世界最古のバラの絵として有名な、クノッソス宮殿のフレスコ画だ。種類がなんであるのか、植物学者たちはロサ・カニナ説やロサ・ガリカ説など、さまざまな仮説を立てている。しかしその特定に関して、イギリスの考古学者アーサー・エヴァンズが1900年のクレタ島発掘にともなったスイス人修復家エミール・ジリエロンによる「復元」は、さほど役に立っていない。こ

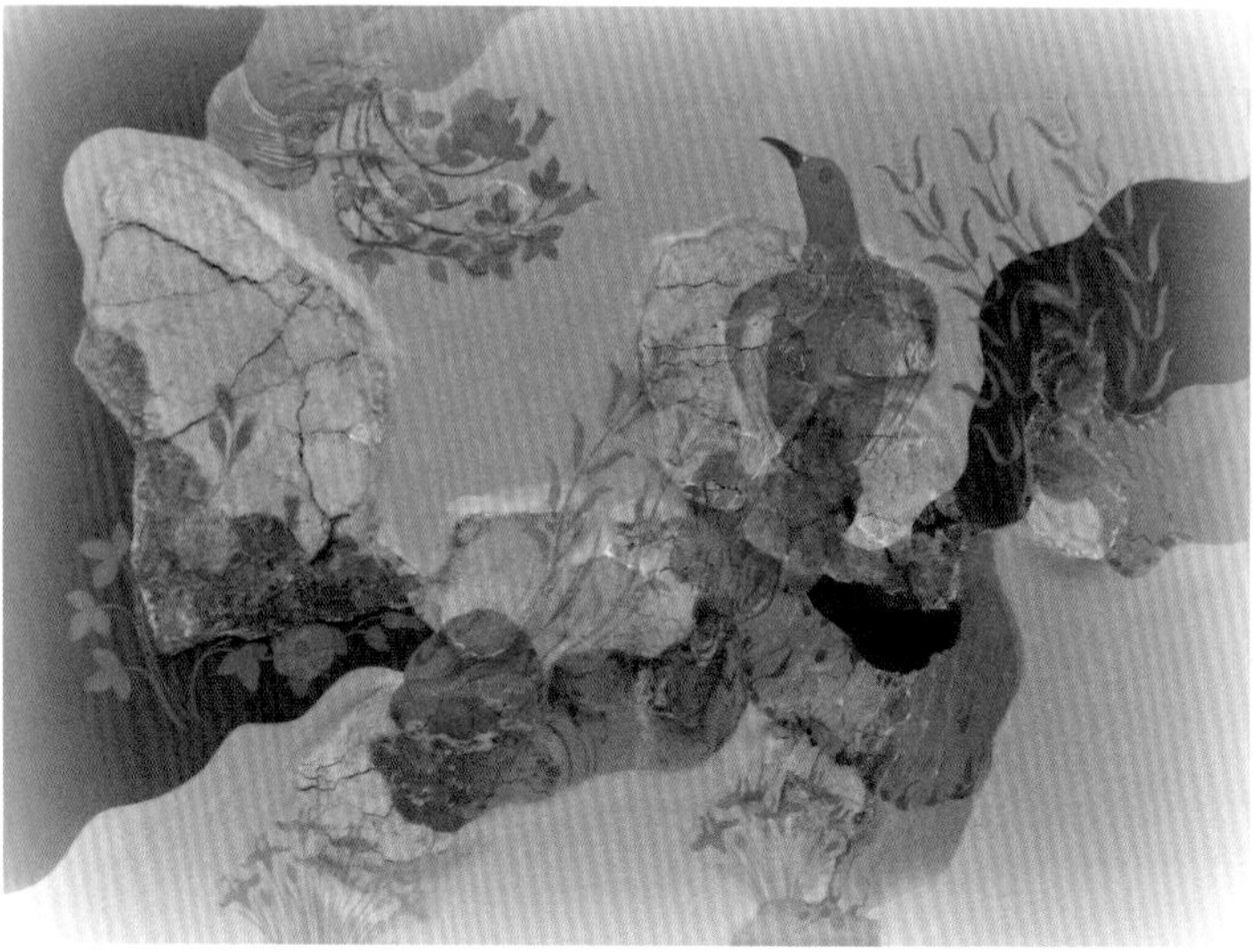

世界最古のバラの絵とされるフレスコ画。青い鳥とともに描かれている。クレタ島のクノッソス宮殿、クレタ文明期（前2800～前1400年頃）。

のバラが黄色だったという説は、実際の色というより、のちに描きたされ、退色した部分の影響が大きい。もとのフレスコ画のバラは淡いピンクである。

ペルシアやメソポタミアの庭園もまた、古代の西洋に影響を与えた。ユーフラテス川中流域のバビロン（現イラクの中央部付近）には、古代世界の七不思議に数えられた空中庭園があったとされる（ただしメソポタミアでバラが栽培されていたという確実な証拠はほとんどない）。ある翻訳文献によれば、史上初めてメソポタミアを統一してアッカド王国を樹立したサルゴン1世（在位前2845～前2768年頃）［一般には前24世紀頃とされる］は、首都アッカドに「バラの木」を所有していたという。[2] 新バビロニア王国のネブカドネザル2世（在位前605～前562年）の庭園に関する古代資料などを見ると、食物と同じように植物も享楽の対象になっていたことがわかる。また、伝説上のアッシリアの女王セミラミス（在位前811～前802年）は庭園にバラを植えていたといわれ、アケメネス朝ペルシアの創立者キュロス大王（在位前558～前528年）は、イラン南部にあった首都パサルガダエの有名な「宮殿庭園」にバラを植栽したと考えられている。

紀元前4世紀後半にアケメネス朝を滅ぼしたアレクサンドロス大王の軍がペルシアから帰還したとき、彼らはかの地で見たかぐわしい庭園を口々に賛美した。古代ギリシア人が庭園を屋外の娯楽空間とみなすようになったのは、この東方遠征がきっかけだった。初期のペルシア式庭園は壁や塀でかこわれた閉鎖型だったが、発掘調査の結果、1世紀末には山脈を背景にまっすぐ広がる庭園が郊外に存在していたことがわかっている。ペルシア式庭園――パイリダエーツァ（pairidaeza パラダイス・ガーデン）――は古代ギリシアの上流階級に感銘を与え、その言葉はギリシア語のパラデイソス（paradéisos）として定着し、そこからラテン語、英語になっていった。古代ペルシア語のパイリ（pairi）は「かこんだ」、ダエーツァ（daeza）は「壁」を意味する。バラはすぐに、ギリシアの観賞用庭園の彫像のそばに植えられるようになった。

古代エジプトでは、花は装飾であると同時に、王朝の賓客への贈り物であった。衛生が不備なために香水が必需品だったことを考えれば、香る花は豪奢のまたとないシンボルだった。エジプト人はバラから精油を蒸溜する技術はまだ持っていなかったが、煙を使った素朴な技法で香りを抽出することはできた。それはのちに「香水（パフューム）perfume」と呼ばれるようになる。ラテン語のペル・フーメン（per fumen）――「煙を通して」に由来する言葉である。

ローレンス・アルマ＝タデマ「アントニーとクレオパトラの会合」1883年。シドナス川の屋形船に横たわるクレオパトラ。バラが飾られている。

エジプト新王国（前１５７０～前１０８５年頃）の時代、花は宗教儀式や招待客のもてなしに使われた。食卓は今日と同じように花で飾られた。プトレマイオス朝（前３３２～前30年頃）の頃には、花はエジプト人の誕生から死まで、その一生に欠かせないものとなっていた。戦士はバラの香油を身体に塗って戦いにのぞんだ。死後、亡骸《なきがら》も香油で防腐処理がほどこされた。ピエール＝フィレモン・コシェに送られたバラのように、花は墓所の内部や壮麗な棺のなかにおさめられた。

紀元前３３２年にギリシアがエジプトを征服するずっと前から、ギリシア人はエジプト人の園芸能力の高さをよく知っていた。ずっと暖かいエジプトで栽培するためにギリシアから植物を運んだりもしたから、交易は双方向だった。紀元前30年にローマがエジプトを滅ぼすと、バラはエジプトの聖なる花、歴代ファラオの治世をいろどった睡蓮《すいれん》を過去のものとした。エジプト独立王朝最後の君主クレオパトラ（在位前51〜前30年）はバラをことのほか好み、ローマのマルクス・アントニウスを迎えるために膝が埋まるほどバラの花びらを敷きつめたという。

この頃には、エジプトの気候は種苗の育成に最適と考えられるようになっていた。ギリシアの哲学者テオフラストス（前372〜前287年）は、ヨーロッパよりも2か月早くバラが咲くと述べている。需要はとどまるところを知らず、紀元2世紀、エジプト中部のナイル川西岸の都市オクシリンクスの種苗商は矢の催促を受け、悲鳴をあげた。

ここのバラはまだ満開ではありません――実際のところ、ほとんど咲いていないのです――ありとあらゆる種苗商と花環屋をまわり、サラパスに持たせた1000本を集めるのがやっとでした。本来ならば明日まで摘んではいけないものも混ざっています。[3]

ローマの詩人マルティアリス（41〜100年頃）は、観賞用の花樹栽培にエジプトが欠かせなくなった事態をこう諷刺した。「彼女の冬のバラ、ナイルが汝に送ってきた／カエサルは自慢げに、めずらしいなと考えた」[4]。やがてバラは、エジプト人にとってたんなる商品ではなくなった。神々の聖なる花であった睡蓮にとってかわり、民間伝承の一部にも組み入れられた。ローマの著作家アプレイウス（124〜179年頃）が、なかなかに複雑な物語を書き残している。ローマ属州時代のエジプトに住んでいた主人公ルキウスは魔法に手を出し、うっかり自分をロバに変えてしまう。

友人の奴隷少女によれば、人間に戻る唯一の方法はバラを食べることだという。最初の試みは怒りくるった庭師に撃退されて失敗に終わる。最終的に、さまざまな紆余曲折を経て、女神イシスへの祈りが聞きとどけられ、女神の幻が現れて、イシス神殿に仕える司祭が持っているバラの花環を食べるようにと告げる。そのとおりにしたところ、ルキウスはふたたび人間の姿に戻り、生涯にわたって女神を信仰するようになる。

ギリシアやローマの神話の女神たちもバラと関係が深い。たとえば、狩猟と貞潔と月の女神アルテミス（ローマ神話のディアナ）。紀元前550年頃にエフェソス（現トルコ西部）に建設されたアルテミス神殿のアルテミス像は、まとっている衣裳の縁にバラがきざまれている。これはおそらくロサ・ガリカだろう。ある伝説によれば、美しい乙女ロダンテの評判があまりに高くなりすぎたため、アルテミスの双子の兄アポロンが彼女をバラの花に変えたという。また、愛と美と豊穣の女神アフロディテ（ローマ神話のウェヌス［英語ではヴィーナス］）とバラの誕生をむすびつける物語も多い。古代エジプトのイシスほどではないが、アフロディテとバラの関係は、のちのキリスト教の伝統に通じるものがある。紀元前9世紀頃のホメロスの叙事詩『イリアス』には、アフロディテが勇者ヘクトルの亡骸にバラの香油を塗って腐敗から守り、またバラが彼の盾を飾ったという記述があるが、悲しいことに最近の研究では、その解釈はまちがいとされている。しかし、夜明けをつかさどる女神エオスを形容する「バラ色の指をした暁《あかつき》の女神」などの表現は残っている。

ギリシアの詩人アナクレオン（前580〜前490年頃）は、バラを「もっとも美しい花、神々のよろこび、エロス［キューピッド］の枕、アフロディテの衣」とうたった。[5] ある有名な物語で、

サンドロ・ボッティチェリ「ヴィーナスの誕生」1482年頃。バラの花々とともにヴィーナス（アフロディテ）が海から現れたところ。

詩人はアフロディテを白と赤のバラに関連づけている。それによると、アフロディテが海から現れたとき、女神のまわりに渦巻く泡が白いバラになった。またアフロディテが傷ついて死んだ恋人アドニスの身体を洗っているとき、血の滴がかたわらの白バラにこぼれ落ち、赤いバラに変わったという。しかしバラ史家とは非情なもので、その当時のヨーロッパに赤いバラが咲いていた証拠はなく、確実なのは淡いピンクのバラだけだと指摘している。

ギリシアのレスボス島で生まれたとされる詩人サッフォー［サッポーとも表記される］（前630〜前570年頃）にも、バラにまつわる伝承が多い。この島は、植物としてのバラについて初めて実証的に論じたテオフラストスが生まれたところでもある（著作は紀元前300年頃）。彼女の詩にはたびたびバラが登場する。たとえばピエリア――芸術と学問をつかさどる女神ムーサ（ミューズ）たちの生まれた地――のバラ、「そこかしこにバラが飾られた」神殿。

また、花嫁をバラになぞらえた。最近、ある女性との愛の終わりをうたった詩の断章が新たに発見されたが、そのなかでサッフォーは別れた恋人にこう呼びかけている。

ねえ思いだして
どれほど甘く美しいときを過ごしたことでしょう
あのたくさんのスミレの花環
そしてバラ……一緒にいるときあなたはいつも身につけていた
あのたくさんのきれいな花綱《はなづな》
それはあなたのやわらかなうなじをいろどった……[6]

最初期のバラについては、ギリシアの歴史家ヘロドトス（前４９０～４２０年頃）も紀元前４４６年前後に、紀元前７世紀のマケドニアにいたというミダス王の庭園のくだりで述べている。ミダス王はふれるものすべてを金に変える力を持っていたとされるが、バラも育てていた。「このミダスの園には自生する薔薇があり、花の一つ一つに六十の花弁があり、他の薔薇に優る芳香を放つ」[7]［ヘロドトス『歴史下』松平千秋訳／岩波書店／１９７２年より引用］。このバラの種類をめぐって、さまざまな説が唱えられてきた。「花弁」ではなく「花」と訳している翻訳書もあるにしろ、ロサ・ケンティフォリアの可能性はないだろうか？　あるいは八重咲きのロサ・ガリカ？　ドイツのバラ史家ゲルト・クリュスマンは１９７７年、これは「すでに当時から存在していたロサ・ガリカの八重咲きか、ロサ・アルバの八重咲きにまちがいない」と述べている。[8] 専門家のあいだではめずらしいことではないが、もちろん反対意見がある。

大プリニウス（23〜79年）などの著作からわかるように、バラは古代ギリシア人や古代ローマ人に身近な花だった。ギリシア人は当初、バラを大小さまざまな花環や花冠《はなかんむり》、花飾り用の商品にしていたが、やがてもっぱら観賞用に栽培するようになった。『植物誌 *Historia plantarum*』の著者で「植物学の祖」と呼ばれるテオフラストスは、バラの花咲きをよくするための栽培法や剪定法をくわしく述べている。種子よりも挿し木のほうがずっと簡単に増やせることも知っていた。訳書によっては、毎年バラを移し替えて木を焼いたと述べている。しかしそうではなくて、今日もよくやられているように、バラの木を短く刈りこんで、剪定したものを焼いたのではないだろうか。

大プリニウスは、のちの百科事典の原型といえる大著『博物誌 *Naturalis Historia*』（77頃〜79年）で12種類のバラについて述べたが、ヴェスヴィオ山の噴火で命を落としたため著作は未完に終わった。彼が述べたバラのうちでもっとも見当がつきやすいのは5枚の花弁を持つというバラであり、これはロサ・カニナ——イヌバラ——だろう。プリニウスのバラには、たいてい「プラエネステ」「カンパニア」などの地名がつけられている。1936年、バラ史家のエドワード・バンヤードは、プリニウスのバラの説明はそれぞれ非常に似かよっているため、異なる地域に咲く同じバラについて語っているのではないかと疑義を呈した。たとえば「キリナエ」「カルタゲ」というバラは、おそらく両方ともダマスク・ローズだろうという。近年、古代ローマ時代の庭園を専門とする歴史家リンダ・ファラーが、プリニウスのバラはロサ・ガリカ、フォエニケア、ビフェラ（亜種）、ダマスケナ、モスカタ、カニナ、そしてケンティフォリア――これについてクリュスマンは同意しないだろうが――と特定している。

バラは料理から掃除、接待、宗教行事まで、ローマ人の日常の一部だった。青年は恋人をメア・ロサ（ぼくのバラ）と呼んだ。どの季節も花で祝われたが、春はバラだった。たいていはひとりの少女がバラの花冠をかぶり、手に1本のバラを持った形で描かれる。ファラーによれば、「この花への敬意の証と見るべきである」[9]。『農業論 *Opus agriculturae*』の著者パラディウス（5世紀頃）は、バラの茎の支柱には葦《あし》を裂いたものを使うとよいと述べた。

ポンペイの庭園に関する詳細な研究により、花、とくにバラは花冠や香油用に栽培されていたことがわかっている。紀元前40年には、ローマの学者マルクス・テレンティウス・ウァロは、バラを繁殖させる最良の方法は「すでに根をはっている茎から9センチほどの挿し穂を準備し、挿し木をして根が出たら、植え替える」[10]ことを理解していた。不思議にも、頻繁にバラを植え替えると花付きがよくなるとか、お湯で水やりをすると花が早く咲くと考えられていた。

バラの産地によって色や香りが異なるという説もあった。もちろん、入手できる品種はごくわずかである。シリアとペルシアのバラは極上品とされた。プリニウスは「キュレネ〔現リビア北東部にあった古代ギリシア植民都市〕のバラがもっとも香り高い」[11]と述べている。プリニウスによれば、カンパニア州ポンペイ近郊の畑では、非常に香りのよいバラが年に3回収穫されたという。「世界のあらゆる国のなかで香料の生産にもっとも適しているのはエジプトだが、バラが豊富なカンパニアもエジプトに匹敵する」[12]。プリニウスの記述には彼以前のテオフラストスの著作を参照したもの

古代ローマの「春」のモザイク画。春の花であるバラにかこまれている。

ポンペイの秘儀荘で発掘されたフレスコ画。バラが描かれている。1世紀。

が多いが、テオフラストスもキュレネのバラの芳香を最高としていた。プリニウスが香油の必須成分であるバラ油について述べた項では、トルコ南西部のリュキア地域沿岸にあった都市ファセリスしか地名をあげていない。当時の蒸溜方法については不明である。

ローマの家は、たいてい花でいろどられていた。モザイク画や壁画はもちろん、裕福な家庭では天井にも花が描かれた。モザイク画はバラに捧げられ、細かなテッセラ（石や陶器の小片）で淡いピンク色が表現された。バラは織物の意匠にもなった。フレスコ画から、パーゴラ（つる棚）がブドウだけでなく、バラの支柱にも使われていたことがわかる。中央部にバラが植えられていたヒッポドローム（戦車競技場）をまねたのだろう。

ローマ人は花飾りや花びら、香油にとめどなくバラを消費した。隣人を驚嘆させるのに、バラの花びらのようにその場かぎりの贅沢品を浴びせるほど効果的な手段があるだろうか？　これはけっして安くはなかった。暴君的行動で知られる皇帝ネロ（37～68年）は、現在の価格にして10万ポンドの額を費やしてペルシアからバラの花びらを輸入し、浜辺へまき散らしたという。

奴隷制経済社会だったので富裕層は労働力の心配はなかったとはいえ、水と気候は重大な問題だった。ウァロは『農業論 *De re rustica*』（前40年頃）で、バラの商業栽培の方法について指南している。それによると、バラは郊外の畑でスミレと一緒に植えるべきだが、「市場へ行く手段のない遠方の農場でこれをおこなうのは愚かである」[13]。バラとスミレは花冠や頭飾りにいちばん人気があった。酒宴では「わたしのバラはどこ、わたしのスミレはどこ、わたしのすてきなパセリはどこにある？」と歌われた[14]。ローマの農学者コルメラ（4～70年頃）は、市場でバラを売りさばいた農夫が「ブドウ酒に酔ってふらふらになり、ポケットを現金でふくらませて」戻ってきたと述べている[15]。

男も女も特別な機会には冠や花冠をつけた。大切な客人には花を編んだ冠をかぶせ、現在のインドでもよくするように、首に花環をかけてもてなした。凱旋した武将は月桂冠で栄誉を称えられたが、恋人たちはバラの冠を交換しあった。たいていの場合、花冠はそれをつくった女性や少女が市場で売っていた。しかし花売り娘であることは、かつてイギリスのコヴェント・ガーデンにいた娘たち同様、悪い評判につながりかねなかった。「バラをかかえたおまえ、バラ色はおまえの魅力だな。で、おまえはなにを売るんだい、おまえかバラか、それともその両方か？」[16]

おもにエジプトからの輸入のほか、バラはローマの南方にある肥沃な地域の栽培場からも供給された。最大の供給地であるナポリ近郊のパエストゥムをはじめ、ティーブル（現ティボリ）、カンパニア、プラエンステ（現パレストリーナ）が主要な産地だった。ローマの詩人ウェルギリウス（前70〜前19頃）は、年に2度咲くパエストゥムのバラ、「ビフェリク・ロサリア・パエスティ biferique rosaria Paesti」について述べている。だがイタリア南部がどれほど温暖であろうと、つねに豊作とはかぎらなかった。詩人プロペルティウス（前47〜前14年頃）はこう警告している。「その血潮が若いうちに、その日々がしわと無縁なうちに、今日を思いきり楽しむがよい、明日には時が顔に足跡を残すやもしれぬ。わたしは思いだす、朝の南風の下に広がっていたあのかぐわしいパエストゥムのバラ畑を」[17]

バラは度を超えた贅沢の象徴にもなりえた。キケロ（前106〜前43年頃）はシチリアの悪評高い総督ウェレスを訴追する際、弾劾演説のなかで繰り返しバラに言及した。ウェレスは冬のあいだ室内で酒盛りばかりしており、食卓にバラの花が飾られるまで春の訪れを知らなかったほどだ、とキケロは糾弾した。また行軍のときは、当然そうあるべきように騎馬ではなく、8人の男がかつぐ輿に乗って出かけた。頭と首にバラの花環をつけ、バラの花びらを詰めた、マルタ島産の紗《しゃ》のように薄い生地の枕に身をもたせかけ、バラの花びら入りの匂い袋を鼻にあてていた。「それは」とキケロは容赦なく述べた。「ビテュニアの王たちの慣習だったものだ」。紀元前74年にローマの属州となったビテュニアはトルコ西部に位置し、現在もバラ産業がさかんである。

ローマ帝国の少年皇帝ヘリオガバルス（203頃〜222年）の奢侈はもっとすさまじく、花をとめどなく消費した。装飾はもちろん、ムルスム――バラと白ワインとニガヨモギとハチミツでつくった酒――を浴びるように飲んだ。両性愛者として淫蕩にふけった皇帝は、18歳で暗殺される

ギリシア神話のブドウ酒の神ディオニュソス。バラの花冠をかぶっている。ヘルクラネウム［ヴェスヴィオ山の噴火で埋没］にて発掘、55〜79年頃。

まで5回結婚している。皇帝の悪行のひとつとして有名なのが、大量のバラの花びらを天井から落として宴席の客人たちを窒息死させたというものだ。この光景は、「ハリウッドにひらめきを与えた画家」と呼ばれたローレンス・アルマ＝タデマがのちに『ヘリオガバルスの薔薇』（1888年）に描いている。

愛、情熱、信仰、贅沢に関連づけられる一方、バラは戦争や死、人生のはかなさともつながりが深かった。バラの花冠は軍事的勝利を称えるために授与された——が、あまりに頻繁だったため、ローマ共和制末期の政治家大カトー（前234～前149年）はこの伝統の権威が薄れたと感じた。そこで、花冠をかぶってよいのは「戦争が終わってからのみ」とされた。あるとき、金貸しのルキウス・フルウィウスは第2次ポエニ戦争［ローマとカルタゴの戦い］の最中、花冠姿でいるところを店の前で見つかり、ただちに投獄されてしまった。またローマ軍が「ロサリアエ・シグノルム Rosaliae Signorum」というバラ祭をおこなったときは、隊旗をバラの花環で飾ったという。

亡くなった人の額や墓の上には、永遠の愛の証としてバラがたむけられた。子供には、亡き親を偲ぶために植えるバラの購入費用が遺された。今日でも、多くの国の埋葬儀礼にバラがかかわっている。古代ローマ後期の故人の肖像画にはバラの花環が描かれていることが多い。おそらく、1880年代にハワラの遺跡で見つかったバラと同じ意味合いがこめられていたのだろう。

古代で最後にバラについて書かれたものは、ローマの詩人アウソニウス（310～395年頃）の詩「咲き初めしバラによせて *De rosis naescentibus*」かもしれない。ローマ帝国が外敵の圧力を受けて崩壊に向かうなか、アウソニウスはボルドー近郊に居を定めてバラを育て、次のようにうたった。

乙女よ、花のみずみずしいうちにバラのつぼみを摘め、みずみずしさは若さなのだから。
自分の時も駆けすぎていくことを忘れるな。[18]

13世紀後、イギリスの詩人ロバート・ヘリックは有名な詩「乙女たちに」で古代ローマの詩人と同じ思いを伝えた。

乙女らよ、咲き出た薔薇《ばら》を摘むのです。
相も変わらず急いで駆けてく「時」の奴《やつ》。
けふほほゑんでゐるこの薔薇が
あすは萎《しを》れてゆくでせう。
[『ヘリック詩鈔』森亮訳/岩波書店/2007年より引用]

第2章　棘のないバラ

植物史家のアリス・コーツは、「キリスト教の到来はバラから棘を抜いた」と述べた。[1] 476年の西ローマ帝国の滅亡とともに、集約的な草花栽培法の知識は西ヨーロッパから事実上消え去った。それと時を同じくして、初期のキリスト教の著述家たちは、バラをローマの異教的快楽主義にからめて非難した。

ほかの宗教はもっと寛容だった。ペルシアのゾロアスター教は、遠い昔からバラを最高神アフラ・マズダーと関連づけていた。ゾロアスター教の百科全書的な『ブンダヒシュン *Bundahišn*（創造）』では、たびたびバラが言及されている。すべての天使に花が割りあてられており、バラの天使はディーン・パヴァン・ディーン（Din-pavan-Din）という。バラの棘と悪魔をむすびつけたのは、おそらくゾロアスター教徒が最初だろう。バラの棘は、大悪神にして破壊神のアンラ・マンユ（アフリマンまたはアーリマンとも呼ばれる）が出現する前は棘がなかったとされる。罪が存在しない楽園に咲く、棘のないバラ――このテーマは繰り返し語られることになる。

バラ水の蒸溜と準備のようすを描いた水彩画。インド中部の都マンドゥの君主ギヤース・アッディーンのために作成している。インド中世の料理書『ニマートナーマ *Ni'matnama-i Nasir al-Din Shah*』(1495〜1505年頃)より。

ペルシアは「バラの国」として知られた。造園家で植物史家のペネロピ・ホブハウスによれば、なぜかペルシア語には単独で「バラ」を意味する語がないという。ペルシア語ではゴル（gol またはグル gul）が花とバラ、両方の意味になるのだ。[2] おそらく、いたるところでバラが咲きみだれていたために、花とバラはほとんど同義だったのだろう。720年頃からペルシアやアラブの詩と装飾美術には、バラとナイチンゲール［サヨナキドリ］の寓話が頻繁に登場しはじめ、やがてそれはバラにまつわる不滅の物語となっていった。

伝統的なものでは、アッラーがハスではなくバラを最上位にすえた次第が語られる。伝説によると、もっとも聖なる花のハスが夜に花弁を閉じてしまうことに不満を抱いた花々が、花の女王を新たに選んでほしいと頼んだ。そこでアッラーは白いバラを創造し、花を守る棘を茎においた。すると新しい花に魅了されたナイチンゲールがまっしぐらにこの花に飛びこんできて棘に刺されてしまい、流れでた血が白いバラを赤に変えたという。バラ（*gol* ゴル）とナイチンゲール（*bolbol* ボルボル）は両極の愛のシンボルとなり、前者は美しさだけでなく過酷さもあわせ持つ愛を、後者は献身を示した。

ササン朝ペルシア（224～651年）がアラブ人イスラーム勢力に滅ぼされると、ペルシアの文化や伝統、嗜好の多くは征服者のムスリム（イスラーム教徒）に取りこまれていった。バラ史家のエドワード・バンヤードの言葉を借りれば、「古代からのバラの故郷シリア［当時はビザンツ帝国の領土だったがササン朝とも深くかかわった］に侵入したことにより、勝者のアラブ人自身がバラに征服されたのである」。[3] バラ伝説はすぐにムスリムの伝承に現れるようになった。ある夜、預言者ムハンマドが神との接見を果たすため天馬ブラークに乗ってメッカからエルサレムまで旅をし、昇天のために岩のドームにたどり着いたとき、ムハンマドからしたたり落ちる汗が白いバラに、馬の汗が黄色のバラになったという。ムスリムは今もバラの花びらを踏もうとはせず、踏みにじられないように掃いたり拾ったりする。

イスラーム世界もまた、古代ギリシアに大きな影響を与えた楽園思想をペルシアから受け継いだ。アラビア語で「楽園」は「ジャンナ *al-janna*」といい、「天上の庭園」というそのままの意味である。壁にかこまれたペルシア式庭園は現実のものだった。極度の乾燥地帯では、涸れることなく流れる水がよろこびであったのは無理もない。庭園でいちばん重要な花がバラであり、庭園はペルシア語で「バラもしくは花の園」を意味するグリスターン（gulistan）と呼ばれた。ペルシアの宮廷詩人ファッロヒー（980頃～1037年）の詩集には、返り咲きするバラ――おそらくロサ・ダマスケナ・ビフェラ（*Rosa damascena bifera*）、つまりオータム・ダマスクだろう――をうたっていると思われる箇所があり、その芳香と2回目の開花を称えている。

アラブ世界では、古代ギリシアや古代ローマとは異なり、バラは花環や花冠のためではなく、もっぱらバラ水の生産のために栽培された。バラ水は料理や珍味の香り付けのほか、祈禱前の身体の浄《きよ》めや建物の浄化などの宗教儀式にも用いられ、その使用法は今日でも変わらない。1187年にヒッティーンの戦いで第3回十字軍を撃破したサラディン（サラーフ・アッディーン）は、キリスト教の教会に転用されていたアルアクサー・モスクをはじめ、奪回したエルサレムの聖なる場所すべてをバラ水で完全に洗い流して浄化するよう命じた。それには大量のバラ水が必要となり、ダマスカ

オスマン帝国のスルタン・メフメト２世。バラの芳香をかいでいる。トルコの細密画、15世紀。

スから500頭のラクダに積んで運んだといわれる。この儀式は1453年、オスマン帝国のスルタン・メフメト2世が21歳の若さでビザンツ帝国の首都コンスタンティノープルを陥落させたときにも繰り返されており、アヤソフィア大聖堂をモスクとするためにバラ水で浄化した。イスラーム教の信仰におけるバラ水の重要性は、ペルシアでバラに与えられた神聖な地位に由来すると思われる。

清貧を旨とするスーフィズム（イスラーム神秘主義）は、イスラーム教に根源を持ちつつも、キリスト教など外来の影響を受けながら、ペルシア語圏にも浸透した。バラは神との合一を示すシンボルとされた。ペルシアの詩人サアディーの『果樹園（ブースターン）』（1257年）〔黒柳恒男訳／平凡社／2010年〕や『薔薇園（グリスターン）』（1258年）〔蒲生礼一訳／平凡社／1964年〕、サアドッディーン・マフムード・シャビスタリーの『秘密の花園 *Gulshan-i Raz*』でも、バラは特別な存在として描かれている。『秘密の花園』はスーフィーの信仰について15の問答をしているが、それに用いられたバラの比喩は当時の読者にとってなじみ深いものであったろう。西洋における中世ペルシアのイメージは、今なおエドワード・フィッツジェラルドが1859年に自由奔放に訳した詩集『ウマル・ハイヤームのルバイヤート』に登場するスルタンや隊商宿、そしてもちろんバラとナイチンゲールに色濃く影響を受けている。それについては、のちに改めてふれることにしよう。

ペルシア人とアラブ人にとってバラはあまりに重要だったため、バラの栽培技術は西ヨーロッパのように消え失せたりはしなかった。むしろますます発達し、彼らとともに各地へ広がっていった。

アラブ人が711年にイベリア半島に上陸したとき、中東に咲くバラの苗をたずさえていた可能性はある。バラの長所は、種子の形態でも、バラが休眠期に入った状態でも持ち運びができることだ。植物史家のジョン・ハーヴェイは、アラブ支配下のスペイン南部におけるバラ栽培に関する著作6点の存在を突きとめている。それは『コルドバ暦 *Le Calendrier de Cordoue*』(970年頃)からはじまり、ペルシア語版の『農書 *Treatise on Agriculture*』(1450年頃)で終わる。

バラがイスラーム教で繁栄する一方、ユダヤ教やキリスト教では問題視された。昔も今も、ユダヤ教の儀式ではめったに花環は使われない。ヘブライ語の聖書(旧約聖書に該当)はバラでもほかの花でも花環をつくることを禁じているが、おそらくそれは異教との関連があったからだろう。しかし欽定《きんてい》訳聖書[1611年刊行のイングランド王ジェームズ1世版]で「バラ」としている箇所は、ほかの植物である可能性が高い。有名な例が「野ばらの花を一面に咲かせよ」だ(「イザヤ書」35章1節/新共同訳)。その後の改訂版では「野ばら」の言葉を残しつつ、欄外に「おそらくコルチカム(イヌサフラン)と考えられる」と注釈をつけている[コルキクム属はアジア中西部から北アフリカ、ヨーロッパにかけて約60種が分布する]。同様に、「雅歌《がか》」(ソロモンの歌)で花嫁が「わたしはシャロンのばら」(2章1節)とうたっている部分は、たぶんハイビスカスだろう。

しかし、ここはバラでまちがいないという記述もある。「知恵の書」(ソロモンの知恵)に書かれている部分だ[ユダヤ教とプロテスタントでは聖書外典のひとつとするが、カトリックと正教では正典としている]。

だからこそ目の前にある良いものを楽しみ、青春の情熱を燃やしこの世のものをむさぼろう。

高価な酒を味わい、香料を身につけよう。

春の花を心行くまで楽しむのだ。

咲き初めたばらがしおれぬうちに、その花の冠をつけよう。

野外の至るところでばか騒ぎをし、どこにでも歓楽の跡を残そう。

［新共同訳聖書／旧約聖書続編「知恵の書」2章6〜9節］

これは「神を信じない者の人生観」のくだりだ。伝承ではソロモンの筆とされるので、王が生きていた紀元前10世紀なかばには、バラの冠をかぶって遊びまわる輩は異教徒や異端者にみなされるという、強烈な警告が発せられていたことになる［実際の成立年代は前1世紀頃とされる］。こうした感覚はすでに初期キリスト教徒に共有されており、2世紀の神学者アレクサンドリアのクレメンスは次のように述べている。「バラの香りは非常にさわやかであり、実際に頭痛をやわらげたり消したりするが、バラ油を身体に塗ることは禁じられている。いや、そのようなふしだらな行為はたとえ一回であろうとけっして許されない」[4]

しかし3世紀から、バラは少しずつ復権してきた。初期の聖人のうち、バラをほめたり使用法について語ったりする人が現れた。たとえば、聖キプリアヌス（258年に殉教）、聖ヒエロニムス（347頃〜420年）、聖ベネディクト（480頃〜547年）などである。園芸家や花屋の守護聖人である聖ドロテアは、ローマ皇帝ディオクレティアヌスのキリスト教徒迫害によって311

年に殉教し、赤いバラを手にした姿で描かれることが多い。430年頃には、キリスト教詩人のセドゥリウスがすでに聖母マリアとバラを関連づけている。

茨のあいだに咲く棘なき薔薇のように、棘なき御方
その栄えある花樹をその頭上にいただく
されば、エバの末裔として現れいでたる乙女マリアは
いにしえの最初の乙女の罪を贖《あがな》う存在であったのだ[5]

それからの千年のあいだに、「棘のないバラ」としての聖母マリア像はカトリック教会の重要なテーマとなった。白いバラはマリアの処女性を、赤いバラはマリアの悲しみと慈悲をあらわし、また花弁が5枚の赤いバラはキリストが十字架上で負った傷を象徴した。白いバラがほとんどつねに純潔と慎みを表象する一方、赤いバラ――実際は現代のバラほど血のように赤くはなく濃いピンクに近かった――は殉教に関連づけられてきた。209年6月22日に斬首されたイギリス初のキリスト教殉教者、聖アルバヌス（英語ではオルバン）の物語も典型例のひとつである（物語の内容には異論もある）。伝承によれば、その処刑地に赤いバラが咲いたという。何世紀にもわたって、6月の命日にはこの聖人を記念する時代行列が催されてきた。聖アルバヌスの大きな木像がまとう服の裾には赤いバラが縫い付けられ、「殉教者たちの赤いバラのなかで輝いておられる聖アルバヌス」という祈りの言葉が唱えられる。[6]

聖ラデグンドはバラへの愛と栽培技術で知られた。「聖ラデグンド師」彩色写本『聖ラデグンドの生涯』（1496年頃）より。

バラと奇跡がむすびつけられる例は多い。584年、フランク王国——最盛期には西ヨーロッパの大部分に領土を広げた強国——の最初の王朝であるメロヴィング朝の歴史家で、トゥール［フランス中部の都市］の司教だった聖グレゴリウスは、「ガリア［現在のフランス、ベルギー、オランダ、スイスにあたる地域］に現れた数々の奇瑞《きずい》［めでたいことの前兆として起こる不思議な現象］」のささやかな一例として、バラが1月に咲いたと記している。[7] 中世初期のラテン詩人ウェナンティウス・フォルトゥナトゥス（530～609年頃）はフランス各地を歴訪し、さまざまなフランク王家の宮廷に仕えて名声を獲得した人物だが、彼はふたりの王妃がつくったバラ園について書き残している。ひとりはパリ王キルデベルト1世（558年没）の妃ウルトゥラゴータ。もうひとりはのちに全フランクの王となるクロタール1世の妃ラデグンド（520頃～587年）である。

テューリンゲン［現ドイツ中部］の王の娘として生まれたラデグンドは、夫によって兄が殺害されたあと女子修道院に身を寄せ、やがてウェナンティウスと親交をむすんだ。彼の詩からは、ラデグンドがバラに傾けた情熱をうかがい知ることができる。禁欲的な生活を送り、豆類しか口にしなかったといわれるラデグンドだが、あるとき食事をともにするため彼女を訪問したウェナンティウスは、ラデグンドのバラへの愛と栽培の才能に感銘を受け、次のように述べた。「食卓をいろどるのは野に咲くバラかと見まごうばかり」[8]。ラデグンドはまた、質素な毛織りの服しか身につけなかったが、愛する花々で周囲を満たすのはやめなかった。「あなたが足をどこにおこうと、踏まれたバラはあなたに向かって光り輝く」[9]

メロヴィング朝が751年に滅ぶと、フランク王国の支配はカロリング朝に移り、768年に即位したカール大帝の治世に西ヨーロッパのほぼ全域を傘下におさめた。そして800年のクリスマスの日にローマ皇帝として戴冠し、初代神聖ローマ皇帝となった［10世紀のオットー1世を初代とする説もある］。カール大帝はさまざまな行政改革をおこない、そのひとつとして支配領域――現在のフランス、ドイツ、低地帯諸国［オランダ・ベルギー・ルクセンブルク］、イタリアをはじめ、ヨーロッパ大陸の大部分――の修道院で栽培すべき植物の目録を作成した。大半が薬草だったが、スイスのザンクト・ガレン修道院に現存する資料によると、2種類の観賞植物をそこに含めている。「余はあらゆる草本を庭園で栽培することを欲す。すなわち、第一にユリ、第二にバラ類、……」

　バラ史家は、単語の表記のされ方には重要な意味があるとしてきた。どういうことか？　ユリは単数形なのに、バラは複数形なのである。これはおそらく、当時栽培されていたユリは1種類のみであるのに対し、バラは2種類以上あることを示していると考えられる。もっとも可能性が高いのは、白または淡いピンクのロサ・アルバと、それよりも色が濃いロサ・ガリカだった。カール大帝は遠征途上でバラの香りに魅せられ、大量のバラ水をアーヘン［現ドイツ東端の都市］の宮廷に輸入したと伝えられる。また、イングランドの神学者で大帝の顧問となったアルクインの影響を受けたのかもしれない。大帝の宮廷に仕えたアルクインは、遠く離れた故郷を偲んでこう述べた。「さらば、なつかしい修道院よ。リンゴのかぐわしい香りが満ち、白いユリと赤いバラがとりどりに咲いていた、あの場所よ」[10]

　ドイツ北部の都市ヒルデスハイムにある聖マリア大聖堂の壁に茂る大昔のロサ・カニナは、カール大帝の息子ルートヴィヒ敬虔帝がこの地に大聖堂を建てたときからのものだという言い伝えがあ

ヒルデスハイムの聖マリア大聖堂の「1000年のバラ」。カール大帝の息子ルートヴィヒ敬虔帝が818年に植えたとされる。ドイツのハノーファー近郊、1900年頃撮影の写真。

る。樹齢は1000年におよび、現存する世界最古のバラとされる。ルートヴィヒは狩りの途中で紛失した聖遺物をこのバラの茂みで発見すると、そこに大聖堂を建立し、改めてバラを植え直したという。バラは第2次世界大戦時の爆撃も生き延び、消失した大聖堂はのちに再建された。

中世の西ヨーロッパでバラは復権したとはいえ、いかなる品種がどこでどのように栽培されていたのか、植物学的にも園芸学的にもくわしい資料が残っていないためよくわからない。1000年ものあいだ、園芸資料は乏しく信頼性に欠けているのである。1249年1月6日、神聖ローマ皇帝ホラント伯ウィレム2世のために催された公現祭［東方三博士が幼子イエスを参拝したことを記念する祝日］に際して、博学なドミニコ会士アルベルトゥス・マグヌスが花咲くバラの木々で宴席を飾っているが、当時は魔術かなにかを使ったと考えられていた。実際には、この著名な神学者は後年の『パリの家政書 *Le Ménagier de Paris*』（1393年）に書かれていたような、つぼみの状態でバラを樽に保管し、冬に開花させるなどの方法をとったのだろう。アルベルトゥスが著した『植物論 *De vegetabilibus*』（1265年）は「西欧中世で唯一の理論的植物学」といわれる。[11] そこには5種類のバラが記載されており、それぞれロサ・アルバ、アルウェンシス（*R. arvensis*）、カニナ、ルビギノサ（*R. rubiginosa*）、そしておそらく赤いバラはガリカだろうと特定されている。

ロサ・ダマスケナはその名のとおり、シリアのダマスカスからフランスにもたらされたと考えられるが、それがいつなのかはわかっていない。同じく、ロサ・ガリカの園芸品種〈オフィキナリス〉も中東の産という伝承がある。それによれば、チボー4世（フランスのシャンパーニュ伯、のちにナバラ王テオバルド1世を兼ね、抒情詩人としても知られた）が、1239～40年の「バロン十

聖ピオ神父（1887～1968年）を称えるロザリオ。バラのつぼみの珠は香りがする。

字軍」の遠征から持ち帰ったのだという。チボーは安全のために兜に隠して運んだらしい。このバラはシャンパーニュ地方――パリの東に広がるワイン名産地――の交易都市プロヴァンで、ただちに商業的な成功をおさめた。しかしこの十字軍由来説は、町のバラ産業を宣伝するため19世紀前半につくられた創作ともいわれる。いずれにせよ、そのすばらしい芳香から、〈アポテカリーズ・ローズ（「薬屋のバラ」の意）〉あるいは〈プロヴァン・ローズ〉として広く知られるようになった。地元プロヴァンの薬種商は花びらのジャムをこしらえ、健康増進に役立つとして販売した。現在も町の土産物店で、バラ蜂蜜やバラ酒をはじめ、さまざまなバラ製品を買い求めることができる。

　今日、多くの人は「聖者の香り」という表現に懐疑的だが、一部の敬虔なカトリック信者にとっては、それは聖なる人が――多くの場合は聖痕《せいこん》から――放つ説明不可能な香りを意味する。たとえば、非常に尊敬されたピオ神父（１８８７～１９６８年）「イエスが十字架上で傷を負った箇所に聖痕が現れたことで名高い」が２００２年に列聖されて以来、バラをかたどった珠《たま》をバラ香料に浸してつくった、香りのするロザリオ（カトリックで用いられる

ミケリーノ・ダ・ベソッツォ「薔薇園の聖母」1420〜35年頃、テンペラ、板。

祈禱用の数珠）がよく売れている。中世に誕生したロザリオの起源を思わせるエピソードだ。

ロザリオの起源についてはいくつかの説があるが、その名称はバラ園を意味するラテン語の「ロサリウム rosarium」から来ている。通説では、スペイン人神父ドミニコ（またはドミニクス）（1170～1221年）は、フランス南西部のキリスト教異端派であるカタリ派信徒の改宗に失敗したため深く絶望し、洞窟に隠棲してしまった。そこに聖母マリアの幻が現れてドミニコに数珠を与え、カタリ派信徒に「わたしへの祈りを伝えなさい」と告げたという。実際には、カタリ派は教皇側の大弾圧によって無残に殲滅《せんめつ》されるのだが、若き神父は布教を続け、やがてドミニコ会――修道士は黒服をまとうので「ブラック・フライアーズ」と呼ばれた「異端審問にも深くかかわった」――を設立、死後に列聖された。別の伝承によれば、ドミニコが聖母マリアへの祈りを捧げていると聖母が現れて150本のバラの花環を授けたが、幻が消えると花はしぼんで珠に変わり、首飾りが残された。もちろん、それはドミニコ会の宝物となった。

さまざまなロザリオ伝説のいくつかは、聖母が消えたあとに残された珠には天上の楽園の花、バラの芳香が満ちていたとする。それ以来、バラの花びらを丸めてロザリオの珠をつくる伝統が生まれ、スペイン中部アビラにあるカルメル会の修道女たちは今なおその伝統を守り続けている。バラと祈禱用の数珠を直接むすびつけたのはカトリック教会独自の慣習だが、歴史家エンニャ・ウィルキンズによれば、数世紀前のヒンドゥー教の数珠は仏桑花《ぶっそうげ》（ヒビスクス・ロサーシネンシス *Hibiscus rosa-sinensis*）でつくられていたという。世界各地の熱帯から亜熱帯、一部の温帯に分布するヒビスクス属――つまりハイビスカス――の花は、旧約聖書を翻訳する際、よくバラと混同された。

ロザリオのほんとうの起源はわからないものの、1470年代にはドミニコ会修道士のアラヌス・デ・ルペが最初のロザリオ信心会、すなわち聖母への信心をともにする団体をつくった。デ・ルペは会の発足前にこの世を去ったが、これはロザリオが正式な祈禱を補完するものとして認められた、最初の記録である［ロザリオには数珠そのものだけでなく、数珠の珠を繰りながら唱える祈り（ロザリオの祈り）の意味もある］。これはおそらく、初期キリスト教徒が祈りの回数を数えるために用いた「パーテルノステル（主の祈り）の珠」から派生したのだろう。やがてそれが、糸でつないだ輪になったと考えられる。こうした数珠は、キリスト教正教会、イスラーム教、ヒンドゥー教、仏教、バハーイー教、シーク教でもそれぞれの形式で用いられている。

カトリック教会は、マリア崇敬の一環としてロザリオの使用を奨励するようになった。「ロサリウム *rosarium*」という語は、マリアを称える聖歌にも用いられた。早くも11世紀には、カトリック教徒は「アヴェ・マリアの祈り」——ラテン語の「アヴェ Ave」は挨拶の言葉——を暗記するように求められた（「使徒信教」と「主の祈り」はすでに必須項目だった）。エンニャ・ウィルキンズは、13世紀にはヨーロッパのカトリック圏でロザリオ製造業者の組合ができており、それがロンドンのパターノスター・ロウや、ウィーンのパーターノスター＝ゲスヒェンなどの街路名に反映されていると述べる。また、10月7日は「ロザリオの聖母」の日である。これは1571年のレパントの海戦でスペイン・ヴェネツィア・ローマ教皇などの連合軍がオスマン帝国軍を破った日だ。当時の教皇ピウス5世はロザリオの祈りによって勝利がもたらされたとして、この日を記念日に定めた。

中世の宗教的な逸話にはバラにまつわるものがいくつかあり、たいてい敬虔な女性が登場する。

ローマのパンテオンのドームに舞うバラの花びら。地上に降臨した聖霊を象徴しており、聖霊降臨祭のミサに参加した信徒の上に降りそそいでいる。2017年６月。

ハンガリー王女だった聖エリザベト（１２０７～31年）はドイツの王族と結婚したが、ある冬の日、貧しい人々にパンを届けに行くところを夫に見られてしまう。夫は妻のそうした振る舞いを彼女の地位にふさわしくないと考えていた。エリザベトが持っていた籠の蓋を夫が開けたところ、パンは奇跡のように赤いバラに変わっていたという。やはり冬のこと、イタリアのカシアの修道女だった聖リタは死の床でバラの花を望んだが、外には雪が積もっていた。それでも探しに出た友人は、一輪の赤いバラが咲いているのを見つけた。１９００年に列聖された聖リタは、絶望的な状況下における守護聖人とされる。スペインでは、信者は聖リタの記念日に赤いバラをつける。

バラはさまざまな教会行事とも関係していた。復活後のキリストが天に昇った日を祝う昇天祭［復活日から40日目の木曜日］、また聖霊降臨祭（ペンテコステ）［復活日から50日目］の両方は、「フェスタ・ロサリア Festa Rosalia（バラの祭り）」と呼ばれた（昇天祭のほうは1366年にはそう呼ばれた）。イタリアでは「パスクア・デレ・ローズ Pasqua delle rose（バラの復活祭）」といい、キリスト昇天後の10日目に教会の天井から大量のバラの花びらを撒く。この花びらは、降臨した聖霊の炎のような舌を象徴する。バラの花冠は西ヨーロッパの宗教儀式に受け入れられるようになったが、それは処女にかぎられた。祈禱書や詩篇を記した本は「花園」、とくに「バラ園（ロサリア rosaria）」と呼ばれ、それに応じた装飾がほどこされた。

教皇の「黄金のバラ」もバラの復権を示す例だ。登場したのがいつなのかはわかっていないものの、すでに1049年には教皇レオ9世が古代からの伝統として言及している。純金製の美麗な線細工で、初期のものは赤く塗られていたが、まもなくルビーなどの宝石で飾られるようになった。花の中央は空洞になっており、そこに香料のムスクやバルサムを注ぐ。毎年ひとつ制作される壮麗な黄金のバラは、最初は5弁の小さな花が枝に一個つく簡素なデザインだったが、15世紀後半にはきらびやかに咲きほこる花束になった。

黄金のバラは教皇から毎年、信仰に対して顕著な献身を示した支配者に贈られた。初期の受領者には、1444年のイングランド王ヘンリー4世、1486年のスコットランド王ジェームズ3世、1493年のカスティーリャ女王イサベル1世などがいる。イサベル1世の場合、イベリア半島に最後まで残ったイスラーム王朝を（夫のアラゴン王フェルナンドと協力しながら）1492年に攻略したのが理由である。1519年のザクセン選帝侯フリードリヒは、宗教改革者マルティン・ルターに反対の立場をとったからだった［ただしフリードリヒは信仰上の相違はあったにしろルターを保

黄金のバラ。ホーフブルク宮殿の王宮宝物館所蔵。ウィーン、オーストリア。

護し、死の直前にはプロテスタントに改宗した」。ヘンリー8世は——結婚問題でローマと袂《たもと》を分かつ前に——異なる3人の教皇から3回授与されており、ルターと真っ向から対立してカトリック神学を守る論陣を張ったことから「信仰の擁護者」の称号を得た。ヘンリーが1524年に教皇クレメンス7世から拝領した最後の黄金のバラについて、ラファエル・ホリンズヘッドが『年代記 *Chronicles*』(1577年)にくわしく述べている。

木は純金で鋳造され、枝や葉、花はバラそっくりに精巧にかたどられていた。生けられているのは昔風に3本の足がついた金の鉢で、容積はおよそ250ミリリットル。いちばん上のバラには、ドングリほどの大きさのすばらしいサファイアの輪がはめこまれていた。木の高さは45センチ、幅は30センチだった。

17世紀なかばから、受領者は女性の君主や王族にほぼかぎられるようになり、それに該当する男性には「祝福された剣と帽子」が授けられた。1555年にはきわめて敬虔なカトリック信者だったイングランド女王メアリ1世が、1560年には彼女とごく近い血縁のスコットランド女王メアリが、そのほかフランス、ハンガリー、ナポリ、ポーランド、スペインの女王などが受け取っている。該当者がいなかった場合は、適切な候補者が見つかるまで保管された。現在も四旬節《しじゅんせつ》[復活祭前の40日間の斎戒期《さいかいき》で、キリストの荒野の断食修行に由来する]の第4日曜日には、教皇による黄金のバラの祝福がおこなわれる。四旬節の典礼(公式礼拝)には悔い改めをあらわす紫しか使われないが、この「バラの主日」と呼ばれる日だけはバラ色の祭服が着用される。現代では、黄金のバラは個人ではなく教会や聖堂に贈られており、最近はメキシコ、ポーランド、ポルトガルなどが受領している。

錬金術師は、魔術や神秘の重要なシンボルである五芒星《ごぼうせい》（5つの突起を持つ星形）を表象するものとして5弁のバラを描いた。バラは魔術師の花である「知恵の花 flos sapientum」とされた。またバラは、古代から「秘密にすること」と深いかかわりがあった。一般には、密通の現場を息子のエロスに目撃されたアフロディーテが、沈黙の神ハルポクラテスに息子の口を封じてもらい、そのお礼にバラを贈ったという神話から来ているとされる。

「スブ・ロサ（バラの下）sub rosa」は秘密性や守秘義務を意味するが、別の説は神話ほど色っぽくはない。紀元前479年、ペルシア王クセルクセスに追いはらわれたギリシア軍はバラの木陰に隠れて反撃の機会をうかがったという。いずれにせよ、「スブ・ロサ」という言葉はヨーロッパに広く定着した。ローマ人は天井にバラを描いた。中世の会議室では、出席者に守秘義務を忘れさせないように天井からバラを吊した。今日でも、照明器具を「天井のバラ」と呼んだりする。告解室には、神父の秘密保持の証としてバラが彫られるようになった。耳の後ろにバラをつける習慣は、現在はスペイン風と解釈されることが多いが、これも秘密保持の印といわれる。

バラは秘密結社「薔薇十字団」を世に知らしめた文書、「薔薇十字団宣言」のシンボルでもあった。結社の始祖は14世紀ドイツの神秘的な魔術師クリスチャン・ローゼンクロイツ（1378年頃生）だとされている。1614年に出版された文書のひとつ『薔薇十字友愛団の名声 *Fama fraternitatis*

バラと十字を組み合わせた薔薇十字団のシンボル。熱烈な支持者だったロバート・フラッドの著作『最高善 *Summum Bonum,*』（1629年）より。

rosae crucis』によれば、ローゼンクロイツは１０５歳まで生き、亡骸はまったく腐らない状態で１２０年間隠されていたという。薔薇十字団には濃密な秘密性がたちこめており、最初に発表された文書も、それに続いて出された文書も、いまだに誰が書いたのかあきらかになっていない。新しい団員は、友愛団の背後にいるのが誰なのかの手がかりはなにも示されないまま、「そのうちにわかる」と説明されるのみだ。

その理念はキリスト教とグノーシス主義［神智（グノーシス）によって救済を得る宗教思想］などが渾然一体となったもので、物質世界を拒絶し、神秘思想を加味した霊的世界を求めた。薔薇十字団の専門家クリストファー・マッキントッシュは、「バラと十字を組み合わせた意匠のアピール力」が、薔薇十字団カルトの持続性を下支えしたのはまちがいないという。バラの歴史において、この組織はおそらくけっして完全に解明されることのない断章だろう。

第3章 王家のバラ

フランス南部の古都、かつては周囲にオリーブ畑が広がっていたエクサンプロヴァンスの旧市街に、13世紀ゴシック様式のサン・ジャン・ド・マルト教会がある。小修道院の跡地に建てられたこの教会には、プロヴァンス伯レイモン・ベランジェ4世（1195～1249年）が眠る。かつての領主を記念する像は華麗な鎖帷子《くさりかたびら》をまとい、左手には伝統にしたがって剣と盾をたずさえている。しかし右手は八重のバラを握りしめ、あたかも茂みから摘みとったばかりのように胸にあてている。13世紀当時、像は彩色されていただろうからバラの色もわかっただろう。金色だった可能性は高い。というのもレイモンは教皇インノケンティウス4世から、初期の「黄金のバラ」を授与されているからだ。それは非常な名誉であり、レイモンはバラを一家の記章《きしょう》とした。娘のエレオノールも、ごく自然にバラを自分のシンボルに選んだ。イングランドにとって、これが大きな意味を持つことになる。エレオノールは父の宮廷を離れ、1236年1月14日にイングランド王ヘンリー3世に嫁いだ。

エレオノール（英語ではエリナー・オブ・プロヴァンス）の標章——緑の茎に咲く金色のバラ——はふたりの息子に引き継がれた。長男のエドワード1世（1239～1307年）はそれをそのまま継承し、バラを自分のシンボルとしたイングランド初の王となった。ウェストミンスター寺院にある若き日のエドワード1世の彫刻は、イングランド王族とバラを一緒に描いた最初の例である。エドワードの弟の初代ランカスター伯エドマンド（1245～1296年）は、赤いバラを選んだ。エドマンドはフランス王族のブランシュ・ダルトワ（ブランチ・オブ・アルトワ）と結婚したので、パリ東部のシャンパーニュ伯となり、そこの商業都市プロヴァンで多くの時間をすごした。すでにロサ・ガリカ・オフィキナリス（別名〈アポテカリーズ・ローズ〉）の名産地となっていた場所である。おそらくエドマンドはこのバラをイングランドへ持ち帰り、自分のシンボルに定めたのだろう。赤いバラとランカスター家、そしてランカスター王朝とのつながりはこうして生まれた。

赤と白のバラはもちろん、現在では「バラ戦争」（1455～85年）と呼ばれる内乱の象徴となっている。この名称はウォルター・スコットが小説『ガイアスタインのアン *Anne of Geierstein*』（1829年）で、「白と赤のバラ戦争で国民の不和はいやがうえにも高まっていた」と書いたのが最初とされる。しかしこのイメージはスコットの小説の何世紀も前から定着しており、なかでもシェイクスピア（1564～1616年）が果たした役割はとくに大きい。バラ戦争を題材にした壮大な史劇『ヘンリー六世』を見てみよう［以下の台詞は松岡和子訳／筑摩書房／2009年から引用］。第1部第4場「ロンドン、テンプル法学院の庭園」はバラ戦争の発端を示す有名な場面だ。

あずまやの周囲にはバラが咲きみだれている。のちにヨーク公爵となるリチャード・プランタジネットは自分の主張の正しさを認めよと友人たちに迫り、「私とともにこの枝から白バラを摘み取ってもらおう」。サマセット公爵はすぐさま切り返し、「卑怯と追従《ついしょう》を潔《いさぎよ》しとせず、真実の主張に与《くみ》しようという者は、私とともにこの枝から紅バラを摘み取ってもらおう」。友人たちがそれぞれ自分の立場を表明するうちに、台詞は語呂合わせを交えながらも辛辣さを増し、忠誠と裏切りをほのめかす。「摘み取るときに棘《とげ》で指を突くなよ、さもないと血が出て白バラを赤く染め、心ならずも私の側につくことになる」と、サマセットが挑発する。丁々発止のやり取りが続き、プランタジネットが「お前のバラには虫がついているのではないか、サマセット?」といえば、「お前のバラには棘があるのではないか、プランタジネット?」とサマセットがやり返す。こうしてバラの色に象徴されるふたつの党派ができあがっていく。この場面は、ウォリック伯爵の不吉な予言で締めくくられる。

今日のこの論争は、
やがて紅バラと白バラの戦いとなり、
数千もの魂を死と暗黒の夜に送り込むだろう。

貴族は当初、戦場で誰が誰だか見分ける手段として個人的なシンボルを用いた。そうしたものが求められるようになったのは、13世紀後半からバシネットという新型の兜が使われるようになったことが大きい。これはふつうの兜に可動式もしくは脱着式の面具をつけたもので、頭部全体を覆うことができる。以前のノルマンヘルム――鼻あてがついただけの兜――よりも顔面を保護する効果は高かったが、敵味方の区別をつけるのがむずかしくなり、貴族はそれぞれの盾や兜の隆起に特徴的なデザインをほどこすようになった。花や果物、葉など、自然界のものが多く使われた。やがて、こうしたデザインを説明する正式な紋章用語が発達していった。

紋章記述――家の紋章を言葉で説明したもの――には、よくバラが登場する。「バーベッド（barbed／棘のある）」は、バラの花弁のあいだに異なる色、たいていは緑の葉が挿入されることを意味する。「シーディド（seeded／種子のある）」はバラの中心に異なる色があることを示す。どの花であれ、自然な色で描かれれば「プロパー（proper／適切な）」と呼ばれる［バラの場合「プロパー」は赤をさし、それ以外は色名をつけるのが原則である］。もっともよく知られているのは、王室とゆかりの深い5弁のシンプルなバラだ。花びらの多いバラの紋「ダマスク」はめずらしく、つねに茎がついている。

一輪のバラの紋章をたどっていくと、形は違えど古代ローマの「バラの花冠」までさかのぼる。たいていは葉の輪に4つのバラがつく形に描かれるが、バラだけの場合もある。また、今日ではほぼすたれた慣習であるものの、家族内の序列を示す「ケイデンシー（cadency）」にもバラが用いられる。どの息子も当主（父）の紋章を受け継ぐが、それぞれ独自の意匠を付け加えねばならない。七男のシンボルがバラである。

バラは騎士道の作法の一部でもあった。イタリアからイングランドまで、馬上槍試合の際は騎士

細密画「愛の城」。縁取りの赤と白のバラのあいだには、ヘンリー7世とヨークのエリザベスの紋を合体させた国章が描かれている。

「愛の城」への攻撃場面を描いた円形メダル。押しよせる騎士たちの頭上に貴婦人が籠からバラを注いでいる。1320～40年頃。

と貴婦人が一輪のバラを渡しあって恋愛遊戯を楽しんだ。象牙細工によく用いられた「愛の城」の寓話では、籠のバラを互いの頭上にそそぎあう場面が描かれた。

さて、イングランド王エドワード1世の子孫はさまざまな色のバラを自身の家の記章としたが、白バラを選んだのはエドワード3世の息子で初代ヨーク公のエドマンド（1341～1402年）である［エドムンドとも表記される］。しかしそれが重要な意味をおびるようになったのは、エドマンドの孫の第3代ヨーク公リチャード（1411～1460年）の時代からだ。リチャードの息子がエドワード4世（1442～1483年）になったとき、王は貨幣――ノーブル金貨――に初めてバラの図柄を採用した。現在、ローズ・ノーブルと呼ばれる金貨は1464年に発行され、表側の中央に、5弁のバラの紋をつけた船に乗るエドワード4世が描かれている。王はまた、カンタベリー大聖堂に飾るために、太陽光に縁取られたバラ紋様「ローズ・アン・ソレイユ *rose-en-soleil*」をちりばめたステンドグラスを発注した。

エドワードが国王に即位する直前の1461年2月、イングランド西部ヘレフォードシャーのモーティマーズ・クロスでおこなわれた戦闘で、ヨーク派のエドワード軍はランカスター派を破った。その日の朝、幻日《げんじつ》という気象現象が発生し、空には3つの太陽が昇ったように見えた。この日の戦闘の勝利を祝い、エドワードは自身の白バラの記章に黄金色の太陽光を加えた。それはシェイクスピアの戯曲『リチャード三世』冒頭の有名な台詞、「さあ、俺たちの不満の冬は終わった、栄光の夏を呼んだ太陽はヨークの長男エドワード」〔松岡和子訳〕につながることになる。作者はここでも得意の手腕を発揮し、太陽（son）と息子（sun）をかけている。

モーティマーズ・クロスの戦いから8週間後〔エドワード4世即位の1週間後〕、イングランド北部ヨークシャーでおこなわれたタウトンの戦いは、「イングランドの地における戦闘史上もっとも大規模にして凄惨」と評されるほどのものとなった。勝利をおさめたエドワード4世は、ヘンリー6世の廃位を決定的なものとした。その後まもなく、1461年3月29日の戦闘で両軍あわせて2万8000名の戦死者を出したといわれるタウトンの激戦地には、「愛情ゆえか勝利ゆえか」バラが植えられたという。[1] 植えられたのはおそらく、樹高が低く白い花を咲かせるロサ・スピノシッシマ（*R. spinosissima*、スコッツ・ローズ〔スコットランドのバラ〕）だと考えられているが、「ランカスターの血をうつしだすのか……花にピンクの点が現れた」[2]。しかし、ヴィクトリア朝時代に古戦場を訪れた人々が先を争うように摘んだからだろう、タウトンの「血まみれの牧草地」に原種のバラは残っていない。
エドワードがランカスター派貴族ジョン・グレイの未亡人エリザベス・ウッドヴィルと結婚したとき、エリザベスはそれまでの赤バラを捨て、エドワードの白バラを採用しなければならなかった。また王へのさらなる忠誠を示すために、結婚時に贈られた、エセックス州のパーゴ小修道院の「賃料」として、毎年6月24日に白いバラを1本王へ贈ることを義務づけられた。これは「バラの賃料」の初期の例だが、赤バラではなく白バラを用いるのはめずらしい。

バラを賃料がわりに用いる儀式のうち、最初期の例のひとつは、14世紀の建築基準に違反したかどにより罰金として毎年赤バラを1本贈るというものだった。そう、当時から建築規制があったのである。1379年、ロバート・ノールズ卿夫人はロンドン塔近くの狭い街路、シージングレーンに向かいあって立つ家屋2軒を購入し、その1階部分に屋根をかけ、「上等な通路《オーバ》」をつくることに決めた。向かい側の家の裏にこしらえたバラ園に通いやすくするためである。近隣の住人はこれを「大胆すぎる」うえに「あつかましい」と考え、市当局に苦情を申し立てた。夫のノールズ卿は高名な軍人だったので、市はノールズ夫人に形ばかりの免役地代を科した――「庭の赤いバラを1本、6月24日にギルド集会所へ届けること」。エリザベス・ウッドヴィルが白いバラを贈るのと同じ日だ。

14世紀頃のバラの賃料の支払日は、いつも同じ日に指定されるのが習慣だった。それは6月24日の洗礼者聖ヨハネの祭日、すなわち夏至祭の日《ミッドサマーズ・デイ》――バラがさかりを迎える時期である。この伝統は現在まで引き継がれている。2014年、ウィンチェスターに建設する新ホスピスのために土地を寄付した女性は、名目上の地代として、毎年夏至祭に12本の赤いバラを届けるよう所有者に求めた。大西洋をはさんだアメリカでは、ペンシルベニアを建設したウィリアム・ペンの一族が、1731年にレッド・ローズ・レント・デイ（赤バラの賃料の日）をはじめている。20世紀なかば、バラ育種会社のコナード＝パイル社がこの行事を復活させ、ペンの子孫のフィリップ・ペン＝ガスケルを招いて、ロバート・パイルが提供した土地に建つ育苗園から赤いバラを収穫した。そのセレモニーの少し前、名花〈ピース〉をアメリカで発売した立役者がロバート・パイルである。

イングランド王室のシンボルとなった白と赤のバラの種類は、はっきりしない。植物学的な特徴を省略して様式化されているため、特定することは不可能だ。しかし一般には、ヨーク家の白バラはロサ・アルバ、ランカスター家の赤バラはダマスクかガリカと考えられている。ジョン・ガードナーの『園芸の技能 *Feat of Gardening*』（1440年）には、ガードナーがバラを販売していたことが書かれているが、赤と白としか説明していない。

バラ戦争が終わり、ランカスター家の血を引くヘンリー・テューダーが、エドワード4世の娘エリザベス・オブ・ヨークと結婚したことで両家は統合された。シェイクスピアの『リチャード三世』の最後、のちにヘンリー7世となるリッチモンド伯は「白バラと赤バラの統合を実現しよう。天よ、両者の反目に長らく眉をひそめておいでしたがこのめでたい統合には、どうか微笑みを」［松岡和子訳］と述べている。紋としては、この統合はテューダー・ローズとして表現された。ランカスターの5弁の赤いバラのなかに、ひとまわり小さいヨークの5弁の白バラがおさまっており、バラが二重になっている花紋である。

ヘンリー8世を称えるカプレット（2行連句）。ヨーク家とランカスター家の統合を祝っている。ブルージュ（ブルッヘ／ベルギー）で刊行。1516年頃。

ヘンリー７世のソブリン金貨とローズリアル金貨。どちらにもテューダー・ローズが描かれている。15世紀。

1485年に戴冠したヘンリー7世がテューダー・ローズを定めたあと、イングランドではいたるところにバラが飾られた。1490年代後半に表敬訪問した外国大使は、招待されたウッドストック宮殿で「描かれたばかりの赤バラ、落とし格子、グレイハウンド、赤い龍」を目にした。いずれもヘンリー7世の王朝をいろどる紋様である。[3] その後も、リッチモンド宮殿では「宮殿中庭の大きな貯水槽から屋根の木材にいたるまで、あらゆるものに赤いバラがちりばめられていた」[4]。人文主義者のトマス・モア（1478～1535年）は、ようやく統合したバラを次のように評した。「花はひとつに合体して、両方の美質をそなえたバラとなった」[5]

テューダー朝で大きな象徴性をになって登場したバラは、王室の庭園に広く植えられた。1540年代にロンドンのサザークでヘンリー8世の庭師をしていた男は、ダマスク・ローズの切り花1000本と「赤いバラの木」3000本を購入した。[6] 16世紀をとおして、バラはイギリスの象徴であり続けた。硬貨や船の名前（ヘンリー8世が建造した軍艦「メアリ・ローズ」が有名）、紋章、宿屋の名前（とくに「バラと王冠」）、娯楽施設と幅広く使われたが、とりわけ衣類で多用された。花の刺繍はイギリスのファッションの特徴だった。カーネーションからバラまで、さまざまな種類の花が布地に入念に縫いつけられ、精巧で豪華な雰囲気をかもしだした。

テューダー朝の君主のうち、バラともっとも密接にむすびついているのはエリザベス1世である。とくにロサ・ルビギノサ（エグランタインまたはスイートブライアーと呼ばれる野バラ）は、香りのする葉や質素な花の形から、女王の処女性を強調するものだった。オックスフォード大学のボドリアン図書館が所蔵するエリザベス1世の聖書には、テューダー・ローズとエグランタインを刺繍したカバーがかけられている。豪奢なドレスに身を包んだエリザベスの肖像画で、バラが描かれていないことはほとんどない。典型的なのが、ニコラス・ヒリアードによる通称「ペリカン・ポートレート」（1573～75年作）である［女王の胸についているペリカンのブローチにちなんでそう呼ばれる］。首元から袖を覆う生地には黒糸でテューダー・ローズとエグランタインの刺繍がほどこされており、左上には王冠を戴き、茎のついた、変わった形のテューダー・ローズが描かれている。

ジョン・ジェラード（1545～1612年）は著作『本草書 *Herball*』（1597年）の口絵に、エグランタインを用いた。本文では14種類のバラをあげているが、一部は非常に似かよっている。「バラという植物」の項は「バラについて」ではじまる。

ニコラス・ヒリアード「エリザベス１世の肖像」（通称「ペリカン・ポートレート」）。ドレスの袖にバラの黒糸刺繡、左上にテューダー・ローズがある。

棘だらけの低木だが、世界に冠たる花が咲くとそれは見事で美しい……バラはあらゆる花の筆頭かつ中心を占めるに値する。赤いものもあれば白いものもあり、ほぼすべてがかぐわしい香りを放つ。

ジェラードはイギリスで知られている種類すべてをあげたあと、こう記した。「これらすべてのバラはロンドンの庭園にある。ただし棘のないバラだけは、イングランドではまだ見られない」[7]

重複を除くと、ジェラードはバラを次のように分類している。第1章では、まずロサ・アルバ。「ローズ・ド・プロヴァン」は、ダマスク・ローズあるいはロサ・プロウィンキアリス（*R. Provincialis*）とした。また、「この豪華なバラは一般にグレート・プロヴァンス・ローズと呼ばれるが、オランダ人はその名称を受け入れない。なぜなら、このバラが最初に開花したのはオランダ（ホーランド）であるという理由から、〝ホーランド・ローズ〟と呼ばれるべきだと彼らは主張する」とした花は、やがてロサ・ケンティフォリアと名づけられるものである。[8]

次の章では、一重と八重のムスク・ローズ［和名は麝香《ジャコウ》バラ］について述べている。一重と八重の黄色のバラについて初めて言及したのも本書であり、ジェラードはそれぞれロサ・ルテア（*R. lutea*）、ロサ・キンナモナエ（*R. cinnamonae*）とした。また、野生種も取りあげており、エリザベス1世が愛したエグランタインについては、「イングランドの大部分に自生する……ナイツブリッジというロンドン近郊の村や、やはり近郊の村フラムをはじめ、多くの牧草地でも認められる」[9]と述べた。

ロサ・ガリカ・ヴェルシコロールまたは〈ロサ・ムンディ〉。ゲオルク・ディオニシウス・エーレット（1708〜1770年）による水彩画。

1603年にエリザベス1世が死去してからほどなく、ロンドンの植物学者で薬剤師のジョン・パーキンソンが『日のあたる楽園、地上の楽園 *Paradisi.in sole paradisus terrestris*』（1629年）で、1597年のジェラードの著作よりも10種類以上多い、24種類の「種」に名前をつけた。ジェラードとパーキンソンのどちらも、花びらが絞り模様のバラについて述べている。ジェラードはそれをムスクの「ブラッシュ（紅潮）」と呼び、パーキンソンは「ロサ・ヴェルシコロール、まだら染めのバラで、ヨーク・アンド・ランカスターの一種」とした。

今日、この「ヴェルシコロール」は2種類のバラに関連づけられている。ひとつは、ロサ・ダマスケナ・ヴェルシコロール（*R.* × *damascena* 'Versicolor'）、別名〈ヨーク・アンド・ランカスター〉。もうひとつは、ロサ・ガリカ・ヴェルシコロール（*R. gallica* 'Versicolor'）、別名〈ロサ・ムンディ〉（「世界のバラ」の意）。〈ロサ・ムンディ〉はヘンリー2世の愛妾「麗しのロザムンド」にちなんで名づけられたと考えられている。

王妃のアリエノール・ダキテーヌ（エリナー・オブ・アキテーヌ）（1122～1204年）は王の寵愛深いロザムンドに嫉妬し、彼女の殺害を企てたという。最後はオックスフォード近くの尼僧院で若い生涯を閉じたロザムンドにはさまざまな伝説があるが、〈ロサ・ムンディ〉がロザムンドに由来するという証拠はない。ロマンティックさには欠けるが、この花は17世紀にノーフォークで見つかった枝変わり（突然変異種）の可能性が高い。

何世紀にもわたって、バラはイングランド王室と深いつながりを保ったが、エリザベス1世が死去すると、王位はエリザベスの伯母の曾孫、スコットランド王ジェームズ6世が継承し、イングランド王ジェームズ1世（1566～1625年）として即位した。イングランドのステュアート朝の開祖となったジェームズは、「バラとアザミ」のペニー硬貨を発行し、王が統治するふたつの国の国花をそれぞれ表と裏にきざんだ。また、二分割したバラとアザミを合体させた図柄を自分の記章とした。その後、ステュアート朝最後の女王アンの時代に、イングランドとスコットランドは正式に統合されて「グレートブリテン王国」となる。ただ、アンには後継者がいなかった。その死去によって、またいとこのハノーファー選帝侯（現ドイツ北方の領主）がジョージ1世としてグレートブリテンとアイルランドの王位を受け継ぎ、1714年にハノーヴァー朝がはじまると、バラは正式な王室記章からはずされた。

しかし白バラはジャコバイト――カトリック信者だったために廃位されたジェームズ2世（1701年没後はその子孫）の復位とステュアート朝復活を望んだ人々――のシンボルとして残った。ジャコバイトは、平たい白バラの花形帽章を帽子につけた。その活動は引き継がれ、現在もジェームズ2世の息子で、同じ名前の「老僭王《ろうせんおう》」ジェームズ（1688～1766年）――ジャコバイトにとって正当な王――の誕生日である6月10日をホワイト・ローズ・デイとして祝う人々がいる。

それでも、バラは非公式な形でイギリスのアイデンティティの中心に存在し続けており、伝統行事として受け継がれているものも多い。イギリス南部バークシャーのハンガーフォードには王室に赤いバラを贈呈するセレモニーがあり、近年はエリザベス2世（1952年に即位）、その父のジョージ6世、祖父のジョージ5世、曾祖父のエドワード7世が受け取っている。この行事の起源は、町が代々のランカスター公――現在もイングランド王位保持者の称号のひとつ――におさめた貢ぎ物にさかのぼる。初代ランカスター公ジョン・オブ・ゴーント（1340～99年）が14世紀後半に町に与えた権利憲章に由来するらしい。

1986年、イギリスの労働党は赤いバラを党のシンボルに採用した。伝統的な社会主義（および共産主義）のシンボルだった赤旗を赤バラに替えたのは、これまで、労働党の近代化路線「新しい労働党《ニューレイバー》」の推進役だったピーター・マンデルソン——情報操作にたけているので皮肉をこめて「スピン・ドクター」と呼ばれ、極左からも保守派からもおそれられ、かつ不人気だった政治家——によるアイデアだと考えられていた。しかし2001年のBBCラジオ4の「人々はなぜスピン・ドクターを嫌うのか」という番組で、元労働党党首のニール・キノックが、バラのアイデアを考えたのは自分であり、マンデルソンの貢献はデザイナーにバラの茎を長くしろと主張したことだけだ、と述べた。キノックは翌1987年の総選挙に負けたが、バラは労働党のシンボルとして残った（ただしマンデルソンが考えたという1～2個の小さな棘のある長い茎と写実的な緑の葉はやがて削除され、ごくシンプルな花だけの図柄に変更された）。

第2次世界大戦中の1942年から1943年にかけて、ごく短期間ながらも反ナチスのビラを配布する「白バラ」という抵抗運動があった。中心メンバーのミュンヘン大学生たちがゲシュタポに逮捕され、ただちに処刑されるまで、活動したのは数か月にすぎなかったが、今なおドイツではその勇気が語り継がれており、彼らの活動拠点だったミュンヘンでは、大学（正式名称ルートヴィヒ・マクシミリアン大学ミュンヘン）に記念碑が設置されている。

イギリス軍にも長く続くバラの伝統がある。毎年8月1日、一部の連隊兵士は帽子に白い「ミンデン」のバラをつける。１７５９年のその日、ドイツのヴェーザー河畔でフランス軍と激突したミンデンの戦いを記念する行事のひとつだ。当時は七年戦争（１７５６～63年）の真っ最中、イギリスはプロイセンと組み、オーストリアとフランスに敵対していた。戦闘は兵力ではるかに劣っていたにもかかわらず、イギリス軍の大勝利に終わった。兵士たちは戦場へおもむく途中、生け垣からバラの花を摘んで帽子に飾ったのだという。

募兵《ぼへい》地域がヨークシャーのライフル連隊はつねに白いバラをつける一方、ランカシャー・フュージリア連隊は赤いバラ、ロイヤル・アングリアン連隊は赤と黄色のバラをつける。ランカシャー・フュージリア連隊にはひとつの伝統があり——なぜなのかは誰ひとり知らないのだが——いちばん若い兵士は夕食時にバラを食べなければならず、それにあわせて連隊の楽隊が「ミンデン行進曲」を演奏する。祝典では18世紀の民謡もいくつか演奏される。なかでも有名なのが、『ザ・ローランズ・オブ・ホーランド（低地の国オランダ）The Lowlands of Holland』の次の部分だ［若い妻が戦地に行く夫をおもう歌］。

わたしの愛《いと》しいひとが海を渡る
美しい真っ赤な軍服を着て
肩にマスケット銃をかけて
そして髪にはバラをつけて

そう歌われた18世紀から21世紀の今日まで、バラと戦争のつながりは切れていない。ロサ・ダマスケナという名前は、シリアの首都ダマスカスにちなむ。19世紀のイギリス人旅行家のあいだには、「シリア」という国名自体、ほとんどの学者が唱えるようにアッシリアから来ているのではなく、「スリスタン」に由来するという伝承があった。「スリ suri」はペルシア語で「赤いバラ」を意味し、シリアをペルシアのように「バラの国」にするという意味がこめられたという。

本書のための準備をしているとき、毎晩のようにシリアの戦闘のニュースをテレビで見ていた。「シリアはバラの国」説はありえないと思っていたが、ある日、ごく短い現地レポートが放送された。シリア北部の古都、かつては美しい町並みを誇ったアレッポでバラ育苗商を営むアブー・ワルドへのインタビューだった。彼の名前の意味は「バラの父」。栽培場が爆撃を受けたとき、ワルドはなんとかバラを育て、地元の人々に苗木を贈った。2016年8月のチャンネル4ニュースのインタビューで、たとえ想像を絶する荒廃のただなかにあっても「花は世界を救う助けとなり、花ほど美しいものはない」と信じる、とワルドは語った[10]。数日後、映像が放送される前にワルドは爆撃で命を落とし、13歳の息子が残された。だが彼の真心とバラへの愛は生き続ける。

第4章 モダン・ローズの誕生

1768年、ロンドンのチェルシー薬草園の園長を務めていたフィリップ・ミラーが最後に改訂出版した『園芸事典 第8版 *Gardeners Dictionary*』には、まだ46種類のバラしか掲載されていなかった。しかしそれからわずか40年後の1808年、ロンドンきっての種苗商リー・アンド・ケネディ社は220もの異なる品種を網羅し、1818年のカタログには、ジョン・ケネディがフランスから持ち帰ったばかりのスタンダード・ローズ「ノイバラなどの台木《だいぎ》を長く伸ばした上に園芸用のバラを接《つ》ぎ木《き》したもの」が、さっそく登場した。王族関係の顧客のひとりだったクラレンス公はいたく感心し、1本につき1ギニーで1000本買い求めた。30年後の1848年、バラ生産者のウィリアム・ポールは、カタログに載せていた数百種類のバラを38のグループに分類し、「なぜこうした変化が起きたのか？ それは長きにわたる、入念かつ系統的な栽培によって得られた知見によう結果にほかならない」と述べた。[1] ただしこうした変化の大部分は、ミラーの『園芸事典』出版後の80年間に徐々に生じたのではなく、1820年代以降に集中して起こったものだ。

18世紀後半から19世紀初頭は、ヨーロッパへの植物の導入がさかんな時期だった。とくに北アメリカや極東から新種が続々と流入した。はるか昔の16世紀、おそらくはシルクロード経由の荷馬車に積まれて、中国のバラが初めてイタリアに到着したが、当時は西洋のバラ栽培にほとんど影響をもたらさなかった。しかし1792年から登場した4種類の中国のバラが大旋風を巻き起こした。いずれも、少なくとも1000年前から栽培されてきたものである。ヨーロッパ人がもっとも驚嘆した特徴は「開花期の長さ」だった。しかもヨーロッパのバラにはない優美さをそなえており、茎は細く、棘は少なく、淡い黄色などの新しい色があり、独特の芳香を放つ。

ただ困ったことに、この美しいバラは弱かった。故郷の温暖な地であれば四季を通じて花を咲かせるが、ヨーロッパでは温室栽培できるのは裕福な収集家しかいないのだから、一年中戸外に植えておける丈夫な交配種を作成する必要があった。

4種類のうち、最初に導入されたのが1792年の〈スレイターズ・クリムゾン・チャイナ〉である。東インド会社の船舶管理者ギルバート・スレイターが派遣した乗員が、イギリスに持ち帰ったものだ。スレイターはエセックス州の自分の温室で上手に育て、2年後に開花させることに成功した。増やした苗木は、ナポレオン戦争をものともせず、ヨーロッパ中の生産者に送られた。

翌1793年、もう2種類のバラが届いた。外国に門戸を閉ざした大帝国である中国との通商状況を改善するために派遣された、マカートニー卿の使節団が入手したものである。皇帝への献上品をたずさえていった使節団には、ふたりのプロの庭師が随行していた。当時の唯一の貿易港だった広東《カントン》（現広州）経由の帰路、使節団の副団長で熱心な植物学者のジョージ・ストーントンが2種類

「偉大な４種のチャイナ」の第１番目、ロサ・インディカ・クルエンタ〈スレイターズ・クリムゾン・チャイナ〉。ピエール＝ジョゼフ・ルドゥーテ（1759～1840）画。

「偉大な4種のチャイナ」の第2番目、ロサ・キネンシス〈オールド・ブラッシュ・クライミング〉（つる性のオールド・ブラッシュ）

のバラを収集した。ひとつは小さな、淡いピンク色の八重のバラ（1750年頃、リンネの弟子が同じものをヨーロッパに持ちこんでいたが、その重要性はまだ認識されていなかった）。種苗商の注目を集めたのは、一年中花を咲かせる性質が1793年にイングランドであきらかになってからである。当初このバラは、ハートフォードシャー州南西部の町リックマンズワースの庭園で栽培に成功したパーソンズにちなみ、〈パーソンズ・ピンク・チャイナ〉と名づけられ、やがて〈オールド・ブラッシュ〉（ほかに〈コモン・マンスリー〉の別名もある）と呼ばれるようになる。これは4種の偉大な元品種――「スタッド・チャイナ（「繁殖用のチャイナ」の意）」――の第2番目となった。植物史家のアリス・コーツによれば、1823年には「どのコテージ・ガーデンにも植えられていた」[2]。またこのバラは、1800年、アメリカに最初に導入されたチャイナ・ローズだ

ロサ・インディカ〈ベンガル・テ・イメネ〉。ピエール＝ジョゼフ・ルドゥーテ画、1835年。

と考えられている。

ストーントンが持ち帰ったもうひとつは、半つる性の白バラ、ロサ・ブラクテアータ（*R. bracteata*）である。常緑で一重の大きな花を咲かせ、ストーントンは中国使節団長に敬意を表して〈マカートニー・ローズ〉と名づけた。[3] これは「偉大な4種」には数えられていないが、黄色の可憐なつるバラ〈マーメイド〉の交配親となった。その作出は1918年と古いが、今も多くの牧師館の壁や、ケント州にあるエリザベス朝風の大邸宅シシングハーストの名園（そのうち正面入ってすぐのトップ・コートヤード）をいろどっている。

第3番目は1809年の〈ヒュームズ・ブラッシュ・ティーセンティド・チャイナ〉で、ロサ・インディカ・オドラタ（*R. indica odorata*）という学名がつけられた。現在、この品種は絶滅してしまったが、ティー・ローズの元品種となった。名前はエイブラハム・ヒューム卿にちなむ。ヒューム卿は広東近郊のファ・テ種苗園からこのバラを入手し、ハートフォードシャーの庭園で栽培した。淡いピンク色の、かぐわしい大輪の花を咲かせる。1810年、イギリス軍がフランスの港を封鎖していたが、ヒュームは自身の名を冠したバラをなんとかジョゼフィーヌ皇后へ送った。のちに皇后のバラ・コレクションは一世を風靡するようになる。

最後の第4番目、〈パークス・イエロー・ティーセンティド・チャイナ〉は1824年、ロンドン園芸協会（王立園芸協会の前身）が派遣したジョン・ダンパー・パークスが中国から持ち帰った。これはヨーロッパ初の黄色のバラではない――最初の黄色は16世紀に、おそらくペルシアからオランダにもたらされた野生種ロサ・フォエティダである。18世紀は黄色をペストやユダヤ人にからめ

ロサ・フォエティダ〈オーストリアン・ブライヤー〉。16世紀に導入されたヨーロッパ初の黄色のバラ。

て考える傾向があったので、強い黄色は好まれなかった。しかし〈パークス・イエロー・チャイナ〉の色合いは淡く、大人気になった。〈パークス〉も〈ヒュームズ〉も切り花として売り出すため、温室で広く栽培された。

中国原産の4種のバラ、〈スレイターズ〉〈パーソンズ（オールド・ブラッシュ）〉〈ヒュームズ〉〈パークス〉は交配され、19世紀の優美な園芸品種群を生みだした。ティー・ローズの元品種となった〈ヒュームズ〉や〈パークス〉も、ずっと花を咲かせ続ける「四季咲き」という中国系のバラの美質をそなえていた――ただし気候さえあえば、の話である。19世紀前半はインドのカルカッタ植物園でも栽培されたので、「ベンガル・ローズ」と呼ばれることも多かった［ベンガルはインド北東部の地方名でカルカッタ（現コルカタ）が中心都市］。問題は、フランス南東部のリヨンや温暖な地中海気候の地であればよく咲くが、北ヨーロッパは寒すぎてほぼ無理、

〈レディ・ヒリンドン〉（1910年）。かつての「紅茶（ティー）」の香りを現在まで保つ数少ない品種のひとつ。

ということだった。4種のなかではわりと丈夫な〈パーソンズ〉はまだしも、ティー・ローズは富裕層のみが温室で育てられる宝だった。

　バラ史家はいまだに「なぜティー・ローズという名前になったのか」について議論している。その香りに言及した初期の例を見てみよう。ゴア夫人の『バラ愛好家の手引き *Rose Fancier's Manual*』（1838年）には、ティー・ローズは「紅茶によく似たとてもすてきな香りがする」[4]とある。現在のティー・ローズの子孫には、ハイブリッド・ティー系をはじめ、元品種のすぐにそれとわかる芳香はほとんどないが、ごく少数は今も香りを保ち続けている。たとえば、やわらかな杏黄色の〈レディ・ヒリンドン〉（1910年作出）などだ。これには半つる性とつる性がある。

　中国産の新たなバラの登場により、中世のフランスで大人気になった〈アポテカリーズ・ローズ（薬屋のバラ）〉などのオールド・ローズは影が薄れ、見向きもされなくなった。大輪で丈夫な四季咲きのバラを得るために交配が繰り返されるようになり、その過程で生まれたハイブリッド・パーペチュアル系やハイブリッド・ティー系を中心に、種苗商やアマチュアの栽培家が工夫と改良を重ね、かつてないほど華麗で多彩な色の品種が次々につくりだされた。最初は受粉にミツバチを用い、いっさいをミツバチにまかせてできた種を大事にたくわえた。育種の背後にある科学を人々が理解しはじめるようになったのは、19世紀後半になってからである。それでも手探り状態が終わったわけではない。遺伝についてはほとんどなにもわからないまま、株の丈夫さ、花の形や色などにしたがって種子をより分けていった。

フランス革命（1789～99年）とナポレオン戦争（1796～1815年）によってバラの取引が妨げられているあいだ、イギリス、アメリカ、オランダ、フランスの栽培家の一部は戦闘の合間を縫って苗木の交換を続けた。フランスでは、アンドレ・デュポン（1756～1817年）やジャック＝ルイ・デスメ（1761～1839年）、次世代のルイ＝ジョゼフ＝ジスラン・パルマンティエ（1782～1847年）、当時はめずらしかった女性育種家のエベール夫人（1830年頃）などが、この困難な時代に多くの新品種を作出した。俳優で脚本家、かつ革命家のジャン＝フランソワ・ブルソー＝マレルブ（1750～1842年）も冷静さを失わず、品種数は少ないものの、オールド・ローズのブルソー［ブールソールとも表記される］という系統をつくりあげた。

フランスの19世紀なかばのバラ取引を主導したのはラファイ、ペルネ（父）、そして600種もの新品種を作出したジャン＝ピエール・ヴィベールだった。ヴィベールはガリカ・ローズを得意としたが、育種の範囲はモス、アルバ、ダマスクなどにもおよび、あざやかなピンク色のダマスク〈ヴィル・ド・ブリュッセル〉（1836年作出）［1849年という説もある］、やわらかいピンク色のガリカ〈デュシェス・ダングレーム〉（1821年）など、多くの品種が現在まで伝わっている［デュシェス・ダングレーム（アングレーム公爵夫人）はルイ16世とマリー・アントワネットの長女にちなむ］。ヴィベールは、戦争と害虫被害のせいで何度も栽培場を変えることを余儀なくされ、死に際して次のように述べたといわれる。

わたしが愛したのはナポレオンとバラだけだ……これまで耐えてきた苦難のうち、今も許しがたいものがふたつだけある。わたしの偶像だったナポレオンを打ち砕いたイギリス人と、わたしのバラをだめにしたコガネムシの幼虫だ。[5]

19世紀なかばから、西洋全体にプロの育種家が爆発的に増えた。園芸ライターのアリス・スティーンは1840年から80年までを「偉大な40年間」と位置づける。これはハイブリッド・パーペチュアル系の作出がピークを迎えた時期だ。[6] 新着の中国のバラとブルボン・ローズ――〈オールド・ブラッシュ〉とオータム・ダマスクをかけあわせたもの――を交配させ、木を丈夫にするだけでなく、夏のあいだじゅう繰り返し花が咲くようにした。

フランス南西部のリヨンはバラ栽培の中心地で、高名な育苗商の栽培地がずらりとならんでいた。アルフォンス・アレガティエール、ジャン＝クロード・デュシェ、ジャン＝バティスト・ギヨー（父）、アントワーヌ・ルヴェ、フランソワ・ラシャルム、ジャン・ペルネ、ジョゼフ・シュワルツなどである。1845年6月、初の大規模なバラ展示会がリヨンで開かれた。学名の後ろにファッショナブルな名前を付け加えた新品種が山ほど登場した。これがまた、混乱のもとになった。たとえば、ヴィクトリア女王の名前を冠したバラは、イギリスとフランスをあわせて8種類もあった。区別をつけるには、育種家の名前と作出年を知るしかない。それはかならずしも容易なことではなかった。

バラの新品種開発の鍵を握るのは国際的なつながりだった。初期の典型例はノワゼット・ローズの誕生物語である［ノアゼットとも表記される］。1800年から1811年のいつ頃か——正確な時期は誰にもわからない——サウスカロライナ州チャールストンの米農家ジョン・チャンプニズは、初めてアメリカに渡ったチャイナ元品種の〈オールド・ブラッシュ〉と、ムスク・ローズのロサ・モスカタの交配に成功した。まもなく、ニューヨーク州フラッシングのウィリアム・プリンス種苗商から〈チャンプニズ・ピンク・クラスター〉が発売された。これがノワゼット・ローズと呼ばれる系統の第1号である。この系統は開花期の長さと香り高さで、現在も非常に人気が高い。やがてクリームイエローの〈セリーヌ・フォレスティエ〉（1858年）や、より丈夫だが美しさではやや劣る〈アリスター・ステラ・グレイ〉（1894年）などのつる性も作出された。

しかし、系統名はなぜ「チャンプニズ」ではなく「ノワゼット」なのか？　この名称は小さな花弁が密集した花容《かよう》からでも、ノワゼットがフランス語でヘーゼルナッツを意味するからでもない。これはチャールストン植物園長で成功した種苗商のフィリップ・ノワゼットに由来する。

おそらく、プリンスの会社にバラを納入していた老チャンプニズは商売気《しょうばいぎ》があまりなく、新しいバラの苗木をフィリップ・ノワゼットにもあげたのだろう。1814年、ノワゼットは元苗から

ロサ・ノワゼッティアナ（〈ロジエ・ド・フィリップ・ノワゼット〉、現在は〈ブラッシュ・ノワゼット〉と呼ばれる）。ピエール＝ジョゼフ・ルドゥーテ『バラ図譜』（1828年）より。

育てたバラをパリで種苗商を営む兄のルイ・クロードに送った。それが開花し、あまりの美しさに感銘を受けたルイ・クロードは、有名なバラ画家ピエール＝ジョゼフ・ルドゥーテに描いてくれるように頼んだ。ルドゥーテが独自に考案した、線ではなく点描によって銅版に原画を再現する技法は花の美しさをいかんなく伝えたため、彼の絵は世界中のバラ愛好家に親しまれていたのである。ルドゥーテはルイ・クロードに依頼されたバラの絵に、「ロサ・ノワゼッティアナ *Rosa Noisettiana*〈ロジエ・ド・フィリップ・ノワゼット〉」と記した。現在は〈ブラッシュ・ノワゼット〉もしくは〈ノワゼット・カルネ〉と呼ばれている。

　このバラと新たに作出された姉妹品種は、イギリスとフランスで熱狂的に迎えられた。それから10年のあいだに、フランスの育種家は１００種以上の異なる「ノワゼット」を発表し、より多彩な色を求めてティー・ローズと交配するようになった。ヴィベールの〈エメ・ヴィベール〉（１８２８年）、ジャン・ラファイの〈ブーケ・トゥー・フェ〉（１８３６年）に続き、ジョゼフ・シュワルツは１８７９年に象牙色の〈マダム・アルフレッド・カリエール〉をつくった。これは現在入手可能なつるバラのうち、もっとも香り高いつるバラのひとつで、暖かい地域であれば一年中花を楽しめる。また、詩人のヴィタ・サックヴィル＝ウエストと夫のハロルド・ニコルソンが、１９３０年に購入した邸宅シシングハーストに――引っ越す前の段階で――最初に植えたバラであり、今も広い邸宅の一角にある「コテージ」の壁をいろどっている。

　イギリスにもウィリアム・ポールなど成功した種苗商はいたが、19世紀なかばのバラ栽培の中心地は依然としてフランスだった。１８５０年、リヨンの名門種苗商を継いだジャン＝バティスト・

〈マダム・アルフレッド・カリエール〉（1879年）。ケント州シシングハースト邸のコテージの壁をいろどるノワゼット系のつるバラ。

ハイブリッド・ティー・ローズの第1号〈ラ・フランス〉。ジャン＝バティスト・ギヨーが1867年に発表した。

ギヨーは自分の代で大きく商売を広げた。父親と区別するためにギヨー・フィス（息子の意）と呼ばれた彼は、ロサ・ルビギノサ（別名エグランタインまたはスイートブライアー）を接ぎ木用の台木に使用した初めての育種家である。また、ハイブリッド・パーペチュアルとティー・ローズの改良にも力を入れた。

１８６０年代なかばのある日、ギヨー・フィスは実生《みしょう》から咲いたバラのひとつになにか特別なものを感じた。淡いピンクの花が何度も咲くうえ、花びらがやけに長い。１８６７年、ギヨーはこのバラをリヨン審査委員会に出品した。委員会は〈ラ・フランス〉という名称にふさわしいバラを募集していたのである。50名のバラ栽培家で構成された審査団は、１万点の応募のなかからギヨーのバラを選んだ。栄冠を勝ちとった〈ラ・フランス〉は爆発的な人気を呼び、とくに切り花の需要が高く、造花もさかんに製造された。イギリスにもただちに取り入れられ、〈ラ・フランス〉の造花をちりばめた宮中服がつくられた。
〈ラ・フランス〉はハイブリッド・ティーの第1号として知られるが、はっきりした親はわかっていない。おそらく、ウジェーヌ・ヴェルディエが作出したハイブリッド・パーペチュアルの〈マダム・ヴィクトール・ヴェルディエ〉（1863年）と、ギヨーのティー・ローズの〈マダム・ブラヴィ〉が偶然に交配したのではないかと考えられた。ギヨーは——単純に彼にはできなかっただけだろうが——確認に前向きではなかった。当時、親がはっきりしない栽培種は多かった。

そうしたなかで登場したのが、イギリス南西部ウィルトシャー州の農場主ヘンリー・ベネットである。1879年に10種のバラを発表し、「ハイブリッド・ティーの父」とされる人物だ。バラの体系的研究をはじめる15年ほど前、ベネットはフランスを旅してリヨンなどの育苗園を訪れた。すぐれた畜産家だったベネットは、バラの育種で科学的な取捨選択がほとんどおこなわれていない実態を知って驚いた。ベネットにいわせれば——偏見に満ちているかもしれないが——「母なる自然にすべてをまかせ、そのなかからよいものを選別するメキシコの牧畜業、あるいはイギリスのニューフォレストの馬繁殖業みたいなものだ」[7]

実際のところ、ベネットの意見は的を射ていた。つまり当時の方法とは、バラの果実（ローズヒップ）を摘んで保管し、熟したところで種を取り分け、混ぜて地にまく。忍耐強く2年か3年待つと結果が出る。吉凶いずれかはそのときしだい——だったのである。

それとは対照的に、ベネットは無作為な受粉を避けるために温室内でバラを栽培し、ブラシで受粉をおこなうなど、人為的に管理する育種法を用いた。1879年には、10の新品種を発表した。

バラの果実（ローズヒップ）を縦に割ったところ。種子が見える。ロサ・ルゴサ〈フルー・ダグマー・ハストルップ〉[ハマナスの一種]。

畜産用語を冠した名称は「ペディグリー・ハイブリッド・オブ・ザ・ティー・ローズ」――血統書付きのハイブリッド・ティー・ローズ、という意味だ。品種の交配親を保証することが自分の方法によって初めて可能になった、とベネットは豪語した。ベネットが作出したバラはすべて、偉大な4種に由来するティー・ローズと、ハイブリッド・パーペチュアルの交配によるものだった。

ベネットは、純粋にバラへの愛に突き動かされて人工交配法を確立したわけではない。自分のつくった新品種で稼ぐのが目的だった。こうした商売気は、3年前にアマチュアのバラ愛好家たちが結成した英国バラ協会の眉をひそめさせた。聖職者の会員が多く、それをたばねていたのがサミュエル・レイノルズ・ホール師である。ベネットは悪評など歯牙にもかけず、翌1880年、新作のバラを出品してほしいというリヨン園芸協会の依頼に応じた。リヨンの審査団は、ベネットの作出したバラがたしかに新系統であると認め、やがてそれはフランスで「イブリド・ド・テ」（ハイブリッド・オブ・ティー）と呼ばれるようになる。

その3年後、ロンドンの英国バラ協会が新設した金賞に応募する形で、ベネットは新系統のひとつ〈ハー・マジェスティ（女王陛下）〉（1878年）を出品した。前年にクリスタルパレス［1851年のロンドン万国博覧会用に建設されたガラス張りの建物］でおこなわれたバラ展示会に出したとき、「タイムズ」紙が「やさしいピンク色で、とても上品な大輪の花」と評した品種である。委員会はおそらく歯ぎしりをしたにちがいないが、このピンク色の巨大なバラが史上初の金賞に値することは認めざるをえなかった。しかしフランスの専門家たちとは異なり、これが新系統であるという主張は受け入れなかった。彼らにとって、これはハイブリッド・パーペチュアルのままだったのである。

ベネットの最初の人工交配では、〈ダッチェス・オブ・コノート〉（1879年）や〈レディ・メアリ・フィッツウィリアム〉（1882年）など、いくつかの品種が商業的な成功をおさめた。また、中程度のピンク色で花びらがキャベツのように密集する〈ミセス・ジョン・レイン〉（1885年）は、〈ハー・マジェスティ〉に続き、1887年に英国バラ協会の第2回金賞を受賞した。だがベネットがアメリカの種苗商に全株を売却していたことが発覚し、イギリスの園芸家は苦い思いをかみしめた。

その3年後にベネットは没したが、英国バラ協会が発表した追悼文は歯切れが悪かった。「彼が協会に親しみを見せたことは一度もなかったのは事実ではあるものの、バラの新品種育成家として、

〈ミセス・ジョン・レイン〉。ヘンリー・ベネットが作出した初期のイギリス産ハイブリッド・ティーのひとつ。

彼は深く惜しまれるだろう」[8]。一方、ウィリアム・ロビンソンの「ガーデン」誌はもう少し寛大だった。「ベネット氏の新作が〈ミセス・ジョン・レイン〉だけだったら、バラ栽培家たちも心穏やかだったに違いない」[9]。ベネットの死から3年がたった1893年、英国バラ協会はついに彼の交配種に贈られたフランス語名を英語になおし、これが「ハイブリッド・ティー」という新系統であると認めた。その後のバラ愛好家たちは、ベネットの貢献をためらわずに受け入れている。

バラ史家のチャールズ・クエスト＝リトソンは「今日のわたしたちの庭には、ウィルトシャーの〝魔術師〟がつくったハイブリッド・ティーの子孫でないバラはめったにない」と述べ、イギリスの老舗バラ育種会社のジャック・ハークネスは、ベネットを「ある職業を変えた男」と呼んだ[10]。

第5章 平和の象徴〈ピース〉と世界のバラ

ヘンリー・ベネットが1880年にリヨンを訪れたとき、ジョゼフ・ペルネというフランス人の青年と出会った。ペルネはベネットの訪問に刺激を受けた。青年はすでにバラ育苗商のデュシェ社で働いていた。それから1年のうちに故オーナーの娘と結婚したので、姓と社名をペルネ＝デュシェと改め、ベネットの手法を用いた大規模なバラ栽培をはじめた。新たに作出した2種類のハイブリッド・ティーは大成功をおさめた。ひとつは、球形でシルバーピンクの〈マダム・カロリーヌ・テストゥ〉（1890年）。もうひとつは、桜貝色の〈マダム・アベル・シャトネ〉（1895年）。これは非常に優雅なバラで、発表以来今日まで広く人気を保ち続けている。

20世紀初頭、ロンドン北部の育苗商たちは大量のシャトネを栽培し、1メートルほどに育ったバラを一年中パリに送った。しかし、ペルネ＝デュシェの最大の夢は黄色のハイブリッド・ティーをつくることだった。ティー・ローズやノワゼットには淡い黄色の品種があるが、彼が求めるあざやかな黄色の花を咲かせるのは、ロサ・フォエティダ（別名〈オーストリアン・ブライヤー〉）しか

ペルネ＝デュシェの〈マダム・アベル・シャトネ〉（1895年）。作出以来長きにわたって人気を誇るバラのひとつ。

ない。この野生種には不快な臭気があり、それが学名の由来となっている［ラテン語のフォエティドゥス（foetidus）は「悪臭のある」という意味］。フォエティダの八重咲きは、1838年にヘンリー・ウィルコック卿がペルシアから西洋に導入していた。ペルシア人はウィルコックの「特命全権公使」という肩書きに幻惑されたに違いない。

ベネットの弟子であるペルネ＝デュシェは、意図しない交配を避けるため、受粉させたバラにカバーをかぶせて慎重に保護した。そしてついに「新しい」黄色のバラを手にするが、それは初期の実験段階でヘンリー・ウィルコックの八重咲きロサ・フォエティダとハイブリッド・パーペチュアルを無作為に自家受粉させた実生から咲いたものだった。1900年、ペルネ＝デュシェはこのバラに〈ソレイユ・ドール〉（「金の太陽」の意）と

〈ソレイユ・ドール〉。1900年にフランスの育種家ジョゼフ・ペルネ＝デュシェが発表。ハイブリッド・ティー系初の黄色のバラ。

名づけ、世界に発表した。その衝撃は大きく、リヨンの園芸界は「ペルネティアナ」という黄色のハイブリッド・ティー系を新設した（イギリスがこれを受け入れるのはずっとあとになってからである。歴史は繰り返される）。現在咲いている黄色のバラはすべてこの〈ソレイユ・ドール〉から色を受け継いでいる。しかしペルネ＝デュシェはつねに、成功したのはヘンリー・ベネットのおかげだと語った。

育種家が新しい園芸品種の作出に注力する一方、プラントハンターたちは中国などへ植物採集の遠征に出かけ、新種のバラの発見につとめた。新種が西洋に届くまで、数度にわたる遠征が必要なこともあった。ロサ・モイシー（*R. moyesii*）は1894年、四川省西部の康定《カンディン》の近くでA・E・プラットによって初めて発見された。1903年、「チャイニーズ・ウィルソン」の異名を持つアーネスト・ヘンリー・ウィルソンが同じ場所でふたたびそれを見つけ、1911年の2回目の遠征で、ついにマサチューセッツ州ボストンのアーノルド樹木園（ハーバード大学所有）に種を送った。ロサ・ギガンテア（*R. gigantea*）はインド北東端のマニプルで、1882年にジョージ・ワットによって初めて発見されたが、最初の標本はイギリスに根づかなかった。その後、1948年になってからフランク・キングドン・ウォードによって再導入された。

　ドイツでは1887年（ヘンリー・ベネットが英国バラ協会の金賞を〈ミセス・ジョン・レイン〉でふたたび受賞した年）、意気さかんな22歳の青年ヴィルヘルム・コルデスが、ハンブルクの北32キロの小さな町エルムホルンで種苗商をはじめた。当初、コルデスはさまざまな植物を販売していたが、やがて初恋の花であるバラを専門にすることに決めた。のちにふたりの息子、ヴィルヘルム2世とヘルマンも家業に加わった。

　息子のヴィルヘルムは、14歳の頃からバラの品種改良に夢中だった。知識を深めるべく、スイスとフランスの種苗商で見習いとして働いた。リヨンでは、彼が「巨匠」と呼んで尊敬するジョゼフ・ペルネ＝デュシェと会った。1912年にイギリスを訪問した際には、彼のもうひとりの英雄であるヘンリー・ベネットの息子とつながりをつけたいと考えた。ベネットの末息子はあいにく前年にオーストラリアへ渡っていたが、ヴィルヘルムは彼の足跡をたどり、イギリス南東部サリー州ファーナムのバラ育苗商バイド・アンド・サンズで働いた。

　自分の家も同業であり、帰らなければいけないにもかかわらず、イギリスがすっかり気に入ってしまったヴィルヘルムは、友人のマックス・クラウゼと一緒にとどまることに決め、1913年に自分たちの会社を開いた。ところが1年もしないうちに第1次世界大戦が勃発し、ふたりは敵国人としてマン島に抑留された。

しかしヴィルヘルムはバラの育種に関する本をじっくり読んだり研究したりしながら、その期間を有意義に過ごした。のちに彼は、自分の会社を経営していたらそんな時間は取れなかっただろうと述べ、鷹揚にも、「キングズ・イングリッシュを学ぶ機会になった」とも付け加えている。[1] 戦後にドイツへ強制送還されたとき、彼の頭脳には育種の知識が存分につまっていた。ヴィルヘルムは弟のヘルマン、そして第一線を退いた父親とともに、ドイツ北部のシュパーリースホープ近くに新たな会社を立ちあげた。そのW・コルデス・ゼーネ社は現在も世界屈指のバラ育種会社として存続している。チャールズ・クエスト=リトソンの『バラ大図鑑――イギリス王立園芸協会が選んだバラ2000』［小山内健監修／主婦と生活社／2019年］に掲載されているバラには、コルデス社が作出した品種がもっとも多い。

ヴィルヘルム・コルデス2世は、遺伝学の父グレゴール・メンデル（1822～84年）の死後数十年を経てから再発見された業績に大きな影響を受け、メンデルがおこなったエンドウの交配実験を検討し、その概念をバラの育種に応用してみることにした。つまり、新しい遺伝物質を体系的に導入して、より強くて丈夫なバラの開発をめざしたのである。コルデスのねらいはあたった。その育種プログラムにより、数多くのすぐれた品種が生まれ、1939年には毎年100万本以上のバラを売り上げた。伝統的な交配品種のうち、〈クリムゾン・グローリー〉（1935年）はヨーロッ

〈クリムゾン・グローリー〉。ドイツのW・コルデス・ゼーネ社が1935年に作出。

パとアメリカで絶大な人気を博した。また晩春から咲きはじめる、半つる性で淡黄色の〈フリューリングスゴールド〉（1937年）、ピンク色の〈フリューリングスモルゲン〉（1941年）はもっとも丈夫な品種のひとつに数えられている。

戦争と厳冬で無数のバラが枯れた1940年代の困難な時期のあと、コルデス社は1950年代に開発したつる性品種ハイブリッド・コルデシーでふたたび上昇気流に乗った。とくに、あざやかな赤の〈ドルトムント〉（1955年）と〈パルクディレクトール・リガース〉（1957年）が名高い。そのほか、つるバラの代表的な系統であるウィクライアナ・ランブラーや、ハイブリッド・ムスクからつくったフロリバンダ（中輪の房咲き）が成功をおさめた。ヴィルヘルム・コルデス2世の息子ライマーは、世界でもっとも人気のある白バラ〈シュネーヴィッチェン〉（1958年）――一般には〈アイスバーグ〉の別名のほうがよく知られている――を作出した。

アメリカでは1930年から植物特許法が施行され、品種登録した植物が販売されると育種会社に特許料が支払われるようになった。この制度から恩恵を受けたドイツ初の会社はW・コルデス・ゼーネ社だ。また第2次世界大戦後、世界中で大人気となった品種を作出したフランスのメイアン社もそうである。それについてバラ栽培家ジャック・ハークネスは、「ただひと言に尽きる――彼らはピース（平和）をもたらした」[2]と述べた。

〈ピース〉誕生の物語は劇的で、伝説になっている。多くのバラ育種会社と同様に、メイアン社も家族経営だった。リヨン近郊のタッサン＝ラ＝ドミ＝リュヌの村で、アントワーヌ・〝パパ〟・メイアン（1884～1971年）の仕事を息子のフランシス（1912～1958年）が補佐し

フランシス・メイアンの〈ピース〉。世界でもっとも成功したハイブリッド・ティー・ローズ。

ていた。フランシスは1935年にアメリカを訪れ、メイアン社のバラをアメリカで販売する代理店契約をペンシルベニア州のコナード＝パイル社とむすぶ。彼はアメリカの特許制度にも関心をよせ、フランスの家業の利益になると考えた。おそらく、特許取得の第1号となった淡いピンクの美しいつるバラ〈ニュー・ドーン〉（1930年）が、これを市場に導入したヘンリー・A・ドリアーの育種会社（ペンシルベニア州フィラデルフィア）に堅実な収益をもたらしていることを聞きおよんでいたのだろう。

フランスのメイアン社に戻ったフランシスは、交配実験中の「3-35-40号」（3は交配回数、35は交配年、40は個体番号）の育種を開始した。すると、このバラが非常にすぐれた性質を持っていることがわかった。濃い緑の葉は旺盛に茂り、大輪の淡い黄色の花は花びらの縁がほのかなピンクに染まる。戦争の危機が高まった1939年前半、フランシスはこのバラの苗木をドイツ、イタリア、アメリカの同業者に送った。数か月のうちに第2次世界大戦が勃発し、一家はバラではなく野菜の栽培を余儀なくされた。あの大切な苗木がまだ生きているのか、相手の元にきちんと到着したのかどうか、なにもわからない日々が続いた。

ある晩、リヨンにいるアメリカ人の友人から電話がかかってきた。彼は翌日に最後の外交機でフランスを離れるが、小さな包みであれば持っていけるという。伝承によれば、この特別なバラの貴重な予備苗は無事に大西洋を越え、コナード＝パイル社に届いたということになっている。いずれにせよ、同社は着実にバラを増やし、1945年4月の国際連合会議で各国の代表者に配ることができた。

一方フランシスは1942年になんとか、母の名にちなんだ〈マダム・A・メイアン〉という名称でこのバラをフランスで発表した。その後、英語圏での名称が確定するまでについては、ふたつの説がある。ひとつは、戦争が終わりを迎えた頃、フランシスが連合軍の最高司令官のひとりである英国参謀総長アラン・ブルック将軍（のちのアランブルック子爵）に手紙を送り、ナチス・ドイツ敗北とフランス解放に貢献したブルックに敬意を表して、バラを彼の名前にちなんだものにしたいと尋ねたというものだ。通説では、将軍はその申し出を辞退し、「ピース（平和）」のほうがふさわしいと提案したといわれる。

より一般的な説では、戦後にコナード＝パイル社のロバート・パイルがメイアン社に連絡を取り、1935年にフランシスと交わした「アメリカで売り出すメイアン社のバラの名称はコナード＝パイル社に決定権がある」という契約にもとづいて〈ピース〉を選んだ、というものだ。同社はこれをヨーロッパでの戦争が終結した日に伝えたといわれる。どのような経緯であったにせよ、見事なバラにはうってつけの宣伝となった。パイルはこう述べたという。「今世紀最高のバラになると確信しています[3]」

ともかく、〈ピース〉によってメイアン社は戦後の事業再建の原資を築くことができた。以来、同社は純白の〈スワニー〉（1978年）やあざやかなピンクの〈ボニカ〉（1985年）などの修景用のバラや、ロマンティカ・シリーズなど、数多くの優秀なバラを生みだしてきた。のちにフランシスは、アメリカでは現在常識となっている法的な商標権をヨーロッパに導入しようとして戦い、業界人の多くから不評を買った。惜しくも46歳の若さでこの世を去ったが、事業は息子のアランが引き継ぎ、現在も世界有数のバラ育種会社として、園芸用の品種や切り花用の茎の長い品種を中心に栽培を続けている。

少ないながら、ひとつの系統に専念する育種家もいる。ジョセフ・ペンバートン師（1852～1926年）もそのひとりで、ハイブリッド・ムスクに生涯を捧げた。彼もまた英国バラ協会の会長に就任した聖職者だが、初代会長のホール師が1887年にロチェスター大聖堂主任司祭に任命されて多忙になったのに対し、ペンバートンはバラの育種一筋の人生を歩んだ。エセックス州ヘイヴァリング＝アット＝バウアーの自宅に1万本の実生を育てていた時期もあり、そのうちの4000本は自分自身で交配したものだった。

ペンバートンは20世紀前半に70近くの新品種を発表し、そのうちの50種が今に伝わっている。強いムスク香で知られる野生種のロサ・モスカタは「ムスクのバラ」という意味だが、ハイブリッド・

甘い香りの〈バフ・ビューティー〉。ハイブリッド・ムスク最高品種のひとつ。

ムスクとのつながりはあまりない。この系統は美しい房咲きと芳香性で現在も高い人気を誇る。ハイブリッド・ムスクのなかでとくにわたしが好きなのは、甘い香りで庭全体を満たす、杏《あんず》色の〈バフ・ビューティー〉（1939年）だ。これはペンバートンの庭師ジョン・ベントールが雇い主の仕事を引き継いで交配したもので、ベントールが没した直後に妻によって発表された。

フランスのオルレアン近郊のバルビエ育苗園は、枝が長くしなやかなつるバラ、ウィクライアナ・ランブラーを専門とした。純白の〈アルベリック・バルビエ〉（1900年）の人気は今も高い。デンマークのポールセン社は、最初のフロリバンダ・ローズ（中輪の房咲き）を作出した。ハイブリッド・ティー系と花付きのよいポリアンサ系（小輪の大房咲き）を交配親にした、濃いピンクの〈エレン・ポールセン〉（1911年）などである。「フロリバンダ」（ラテン語で「たくさんの花」の意）という新しい系統名は、アメリカ在住のフランス人バラ栽培家J・H・ニコラ博士が1930年に命名したものだ。

ポールセン社はまた、きびしい北欧の気候に耐える品種もつくった。その成功を受け、寒冷地での耐寒性を向上させるために多くの現代品種が同社のバラの系統を取り入れている。〈ホワイト・ベルズ〉（1980年）や〈ピンク・ベルズ〉（1983年）など、地面を覆うグランドカバーのバラに真っ先に取り組んだのもポールセンである。現在は、窓台や鉢植えに向く小形のバラの作出に力を入れている。耐寒性のあるバラの作出には、ハンガリーのルドルフ・ゲシュヴィント（1829〜1910年）や、最近ではアイオワ州のグリフィス・バック博士（1915〜91年）、カナダのフェリチタス・スヴェイダ博士（1920〜2016年）も貢献した。

青いバラの開発はまだ成功していないが――胸をなでおろしている人もいるだろう――ドイツの家族経営の育種会社タンタウの2代目マティアス・タンタウ・ジュニア（1912〜2006年）は、新色のハイブリッド・ティー系〈スーパー・スター〉（1960年）をつくりだした。この花のあざやかなオレンジ色は「ペラルゴニジン」によるもので、同じ色素を持つゼラニウムの鮮烈な朱色を思いださせる。これの好評を受け、タンタウ社は同系色のハイブリッド・ティー系〈フレグラント・クラウド〉（1963年）を発表した。その名にふさわしい香りを放つが、オレンジ色が強すぎて敬遠する人も多かった。

スペインのカタロニア人ペドロ・ドット（1885〜1976年）は、1927年にふたつの新作を世に送りだした。淡いクリーム色で半つる性の〈ネバダ〉と、ピンクの濃淡が美しいつる性

タンタウ社の〈スーパー・スター〉(1960年)。オレンジ色の色素「ペラルゴニジン」を有する最初の品種。

の〈マダム・グレゴワール・ステシュラン〉は、どちらも世界的な人気を誇るようになる。育種をはじめた頃、ドットはスペインやアメリカ南部の暖かい気候に適したハイブリッド・ティーを専門にしていたが、1940年代にミニチュア・ローズの生産に転向した。カリフォルニアの育種家ラルフ・ムーアも、ミニチュアの開発に情熱を傾けた。イタリアでは、ミラノ近郊のジョヴァンニ・カソレッティ（1797～1846年）が初期のティー・ローズの栽培家として知られており、サンレモ市長のドミニコ・アイカルディ（1878～1964年）は商業的に成功した品種をいくつか作出した。

しかしイタリアでもっとも有名なのは、トスカーナのバルニ家である。1970年代からバラの育種を専門にするようになり、現在は大輪のハイブリッド・ティーの生産に力を入れ、世界中に提供している。バラの原産地は北半球だが、輸送能力の向上にともない、南半球でもまたたくまに愛好家が増えた。オーストラリアでは、熱心なアマチュア育種家アリスター・クラーク（1864～1949年）が北欧と正反対の気候に取り組み、夏でもさほど水やりを必要としない品種を100種類以上作出した。

ヨーロッパ以外の国で育種専門家がいちばん多いのは、つねにアメリカだった。ウォルター・ヴァン・フリート（1857～1922年）も、歴史に名を残した育種家である。医者だったが30歳のときに転身し、バラ栽培に打ちこんだ。アメリカ農務省の一員として、マサチューセッツ州グレンデールでロサ・ウィクライアナとロサ・ルゴサを研究し、淡いピンク色のウィクライアナ・ランブラー〈ドクター・W・ヴァン・フリート〉（1910年）、紫がかったピンク色のルゴサ・ローズ

〈ドクター・W・ヴァン・フリート〉。北米の著名な育種家の名前にちなんだウィクライアナ・ランブラー。

〈サラ・ヴァン・フリート〉（1926年）をつくりあげた。桜貝色の有名なつるバラ〈ニュー・ドーン〉（1930年）は、〈ドクター・W・ヴァン・フリート〉の枝変わりで、連続して返り咲きをする。

「枝変わり」とは、突然変異によって枝の一部がほかの部分と異なる性質になることだ。つる性になったり、何度も開花するようになったり、花の色が変わったりする。枝変わりした部分は親木と切り離して、別に育てることができる。たとえば〈ニュー・ドーン〉よりもっと前に誕生した、薄いピンクの〈キャスリーン・ハロップ〉（1919年）は、濃いピンクでつる性のブルボン・ローズ〈ゼフィリーヌ・ドルーアン〉の枝変わりである。

ヴァン・フリートは、あらゆるアメリカ人が自宅で──たとえ狭くて質素な庭であろうと──栽培できるバラの開発をめざした。死後、ヴァン・フリートはアメリカのバラ愛好家たちのあいだでは伝説の存在となり、「アメリカでもっとも偉大な品種改良家であり、アメリカ史上最高の植物育種家といっても過言ではない」[4]と称えられた。

そのほか、エルワンガー・アンド・バリー社、ジャクソン・アンド・パーキンス社、アームストロング社なども有名だ。たとえば、濃いピンク色で花弁の多いモダン・クライマー・ローズ〈アロハ〉（1949年）はジャクソン・アンド・パーキンス社の育種家で、「パパ・フロリバンダ」の愛称で知られるユージーン・ボアナーが作出した。アームストロング社のウォルター・ラマーツ博士はピンク色の優美な〈クイーン・エリザベス〉（1954年）をつくっている。1999年、ウィスコンシン州グリーンフィールドのアマチュア育種家ウィリアム・ラドラーは、樹高が低く、耐病

〈クイーン・エリザベス〉（1954年）。アメリカのラマーツ博士が作出。アメリカでは「グランディフローラ」という系統に属する。

性にすぐれる修景用のバラ〈ノックアウト〉シリーズを発表した。これはアメリカで大人気となり、園芸界ではめずらしく作出者を億万長者にした品種である。

イギリスでもっとも古いバラ苗商は、1765年に創立されたイギリス南東部コールチェスターのカンツだが、1880年代から数世代のあいだは北アイルランドのディクソン家とマグレディ家がイギリスのバラ市場を牽引した。とくに有名なのが、ハイブリッド・ティーの〈ショット・シルク〉(1924年)や〈グランパ・ディクソン〉(1966年)、フロリバンダの〈エヴリン・フィソン〉(1962年)、つるバラの〈ダブリン・ベイ〉(1974年)などである。20世紀になるとコッカー家、フライアー家、ハークネス家、ル・グリス家などが彼らのあとに続き、名だたるバラを多く作出した。老舗のカンツ社も負けてはおらず、とくに杏色のハイブリッド・ティー〈ジャスト・ジョーイ〉(1972年)は大成功をおさめた。アルバート・ノーマンが作出してハークネス社が発表した〈エナ・ハークネス〉は、しばらくのあいだ、世界でもっとも売れる赤のハイブリッド・ティーになった。

しかし、こうした名花が存続する一方、花壇や路地の植え込みの流行は変化する。20世紀の終わり頃、混植の植え込みになじむバラの需要が高まった。老舗バラ育種会社の中心品種であるハイブリッド・ティーやフロリバンダは、伝統的に専用の花壇で栽培するのに適している。しだいに、昔ながらのフォーマルなバラ園でも多年草を混植した庭でも、新しい半つる性のバラが植えられるようになっていった。オールド・ローズの花形《かけい》や香り、半つる性の形質と、モダン・ローズの色や返り咲きの習性、耐病性をあわせもつ品種の開発に1950年代から取り組んでいたのは、イギリス

〈コンスタンス・スプライ〉(1961年)。デビッド・オースチンが作出した半つる性バラの第1号。イングリッシュ・ローズとして知られる。

西部シュロップシャーの農家に生まれたデビッド・オースチンである。

1961年にオースチンは、花びらが多くてキャベツのように丸い、ピンク色の半つる性バラ〈コンスタンス・スプライ〉を発表した。同名のフラワー・アレンジメント創始者でオールド・ローズの収集家だった女性にちなんだ名称である。香りの強いガリカ〈ベル・イシス〉(1845年)と、ポールセンの丈夫さを受け継いだ、半八重でピンク色のフロリバンダ〈デインティ・メイド〉(1940年)を交配して作出された。〈コンスタンス・スプライ〉は、オースチンの掲げた6つの目標のうち5つを達成していた。短所として、非常に美しいが一季咲きである点をあげる人もいる。

この花以降、オースチンは新品種に返り咲きの性質をうまく取り入れ、現在はその「オールド・ローズ」様の花姿の人気にかなうものはない。初期の傑作のひとつに、非常に香りの強い、濃いピンクの〈ガートルード・ジーキル〉(1986年)がある。交配親は、オースチンの〈ワイフ・オブ・バス〉(1969年)と、美しいポートランド・ローズ〈コンテ・ド・シャンボール〉。フランスではギヨーのジェネロサ・シリーズ、メイアンのロマンティカ・シリーズ、デンマークではポールセンのルネサンス・シリーズなどが同様のバラをそろえているが、英語圏でのオースチンの人気は絶対的だ。カタログには、ほんの50年前には想像すらできなかったほど多彩な色、大きさ、形の花がならぶ。この独特な品種群は、イギリス国外ではイギリス産のほかのバラとの混同を避けるため、オースチン・ローズとか、デビッド・オースチンのイングリッシュ・ローズと呼ばれることが多い。現在では、世界的なベストセラーのひとつとなっている。

新作のバラで国際的な成功をおさめている品種があるとはいえ、ほとんどのバラは気候への適性や、ときには輸入規制のために原産国でしか手に入らない。それでも、世界のバラ栽培家をつなぐ仲間意識は消えずに残っている。そうした連帯感をよく示す話を紹介しよう。2014年、BBCラジオ4「ガーデナーズ・クエスチョン・タイム」で人気の園芸専門家マシュー・ビッグズは、王立園芸協会の機関誌「ガーデン」にある投稿をした。ケンブリッジ近郊のグランチェスター教会――第1次世界大戦で命を落とした若き詩人ルパート・ブルックが「教会の時計は3時10分をさしたままだろうか」と詩によんだ教会――の敷地内で、高名なプラントハンター、フランク・キングドン・ウォード(1885〜1958年)の苔むした墓を見つけた、という内容である。

さて、インド南部チェンナイ(旧マドラス)のバラ栽培家、ギリヤとヴィルのヴィララーガベン夫妻がビッグズの投稿を読んだ。夫妻は、自分たちが〈フランク・キングドン・ウォード〉という

インドに咲くつるバラ〈フランク・キングドン・ウォード〉。現在はイギリス東部ケンブリッジシャーにあるグランチェスター教会内のウォードの墓にも咲いている。

名称のバラを作出していること、その交配親はフランスのハイブリッド・ティー〈カルモジーヌ〉（1995年）と、キングドン・ウォードが1948年のマニプル（インド北東端の地域）遠征で採集したロサ・ギガンテアであることを知らせてきた。そして、この花をグランチェスター教会の彼の墓に植えることは可能だろうか、とビッグズに尋ねた。

すばらしいアイデアだが、実現するとなると一筋縄ではいかない。そのバラは産出量が少ないうえ、流通しているのはインドだけである。最終的に、デビッド・オースチン・ロージズのマイケル・マリオットが大役を引き受け、つぼみのついている苗木をイギリスへ運んだ。最初の輸送分は航空機の貨物室の寒さでだめになってしまったが、そのときの教訓にしたがい、次は快適なキャビンに乗せて運び、マリオットは苗を増やすのに成功した。

グランチェスター協会の許可を得たうえで、キングドン・ウォード家に敬意を表するため、バラは2016年2月のごく寒い日に植えられた。わたしもその場にいたので、当日の気温にまちがいはない。マイケル・マリオットはもちろん、イギリスの偉大なふたつのバラ一族の代表者であるピーター・ハークネスとロバート・マトックを含め、何名かのイギリスのバラ専門家たちが参列した。

現代のバラ育種家はバラの品種を劇的に改良してきたが、近年のその成功も、十字軍や東インド会社であれ、あるいは〝チャイニーズ〟・ウィルソンやフランク・キングドン・ウォードなどのプラントハンターたちであれ、初期の人々の熱心な採集がなければけっして達成されなかっただろう。バラ栽培は、世界の国々をつなげるのである。ヴィララーガベン夫妻は次のように語った。

わたしたちの庭園に咲く無数のロサ・ギガンテアは、シロヒ山［インド北西部に位置］でキングドン・ウォードがこのバラを見つけた斜面から採集したものです。美しい花にかこまれながら、どうすれば世界中のバラ栽培家はこの偉大なプラントハンターに恩返しできるだろうかと考えます……キングドン・ウォードの墓はルパート・ブルックの詩「兵士」の精神をあらわすものになるのではないでしょうか——イギリスの一隅で、そこだけは永久にヒマラヤがある場所になるのだと。[5]［ブルックはその詩で、異国で自分が死んで埋葬されたら、そこは永久にイギリスがある場所になると述べた］

その日はブルックが詩によんだ「イギリスの野ばら」が咲く生け垣――それはロサ・カニナだったのだろうか――を見るにはあまりにも早すぎた。しかし2017年の春にグランチェスターの〈フランク・キングドン・ウォード〉は花をつけはじめた。このバラはイギリス国内の主要な庭園のいくつか――北アイルランドのマウント・ステュアート、サセックスのボードヒル、そしてイギリスのバラの聖地のひとつで比類ないコレクションを誇る、ハンプシャーのモティスフォントなどに植えられる予定である。

第6章 バラ園——ロザリウムからラ・ロズレまで

バラは、約3000年の歴史のなかで、原野で摘まれ、観賞用に栽培され、花びらや香りが商売に使われてきた。バラにはバラ専用の庭が用意されることが多く、古くはペルシアのグリスターンから、イギリスのロザリウム、フランスのラ・ロズレ、そしてアメリカのホワイトハウス・ローズ・ガーデンまで、「バラ園」の伝統は脈々と受け継がれている。

バラだけの特別な庭という発想は中東で発展した。ペルシア語の「パラダイス」は、地上でもっとも天国に近い場所である庭を意味する。壁にかこまれた「よろこびの庭」。バラが咲きみだれ、芳香と美が重んじられる場所。国土のほとんどが半砂漠地帯の中東やインドのムガル帝国では水は非常に貴重だったはずで、その水を庭に引きこむということはとてつもなく贅沢なことだっただろう。

イスラーム世界の古典的な造園法はチャハール・バーグ（四分庭園）といい、大きな長方形の庭を水路が四等分し、中央には池が配される。最古の例とされるのは、アケメネス朝ペルシアの祖キュ

「忠誠の庭」の造園を監督するムガル帝国初代皇帝バーブル。『バーブル・ナーマ』（1525～29年頃）より。

赤バラと白バラが咲く格子垣にかこまれた庭にいるエミリア。ジョヴァンニ・ボッカチオの叙事詩『テセイダ』(1340～41年)、図版22。

バラの咲く整形式庭園。クリスペイン・ファン・デ・パッセ『花の庭園』（1614〜15年）より。

ロス大王（紀元前530年頃没）がシーラーズ近郊に建設した首都パサルガダエにあるものだ。この様式の庭園にはおもにバラが大量に植えられ、その伝統は何世紀も受け継がれた。1593年、イスタンブルのトプカプ宮殿には5万本の白バラが植えられたという。

中世ヨーロッパの「閉ざされた庭」――ホルトゥス・コンクルーススはもっと小さく簡素なつくりで、異国的な雰囲気や目を奪うような水景はない。それでも、静謐な安息の空間とみなされていた。鳥が歌い、クジャクが放たれ、最初は壁で、のちにはブドウなどのつる植物が這う格子垣にかこまれた、平穏と瞑想の場所である中世のバラ園のおもかげは、初期の芸術作品や文学作品のなかに見ることができる。イスラーム世界のチャハール・バーグもキリスト教世界のホルトゥス・コンクルーススも、どちらも後世のバラ園に影響を与え続けることになる。

16世紀と17世紀のヨーロッパの庭は、形式がなによりも重視された。種苗商のリストにはつねにバラが入っていたものの、どう使われていたかまではよくわかっていない。花の咲く庭は、１７２０年頃から自然美を追求するイギリス式風景庭園がはやりはじまると人気が衰えたと考えられているが、庭園史家マーク・レアードによれば、18世紀の庭にも円形の花壇や、ナデシコ、ストック、そしてもちろんバラなどの香りの強い植物を集めた「小さな花束」のような花壇があったという。バラは市街地の庭では人気を保ち続け、それは１７３４年に花の切り絵作家メアリ・ディレイニーが妹あてにロンドンのメイフェアにある自宅の庭のことを書いた手紙からも読みとれる。

もしかしたら、うちには庭がないと思っていませんか？　それはまちがいです。わが家にも、グロスターのあなたの家の客間と同じくらいの広さの庭があるんですよ。ダマスク・ローズと、いろいろな種類のストックが咲いているわ。[1]

敷地が広くて屋内から庭の花壇をはしまで見渡すことができないような場合、バラは切り花で栽培された。フィリップ・ミラーの『園芸事典』初版（１７３５年）は、花を早く咲かせるためには暖かい壁のそばで育てるとよいと勧めている。１７５１年に作成された、ある「牧師館の花壇」の植栽計画書には、スイカズラのほかに詳細不明のバラが数種類あげられており、１７５２年のサリー州の庭には、樹木の下にロサ・カニナ（別名イヌバラ）とロサ・ルビギノサ（別名エグランタインまたはスイートブライアー）を植える提案がされている。イギリス南東部オールドウィンザーの庭

J・テイラー「アシュリッジのバラ園」1816年、石版画。イギリス南東部バーカムステッドにある広大な私有地アシュリッジにつくられたバラ園。整然と植栽されている。

園には、ロサ・ケンティフォリアが使われた。

さまざまな帳簿を見ると、バラは不動の人気商品だったことがわかる。1755年にオックスフォード伯爵夫人が所領のウェルベック・アビー用に注文した植物は34種類におよび、たいていは少量の2株か4株ずつ発注された。いちばん安いのは2ペンスのロサ・ルビギノサだったが、伯爵夫人は豪勢にも、その12倍の1本2シリングするロサ・ケンティフォリア・ムスコーサ（*R. centifolia* 'Muscosa'、別名〈コモン・モス〉）を2株購入した。この花が手に入るようになったのは、少なくとも1724年にケンジントンのロバート・フーバー種苗商がカタログに載せてからのことだ。

ジョン・ハーヴィーが「バラ市場低迷期」と呼んだ時期を経て、18世紀後半、バラの値段は上がりはじめる。風景式庭園デザイナーのハンフリー・レプトン（1752〜1818年）が、依頼された造園の「完成前」と「完成後」の絵を綴じた冊子「レッドブック」［赤い革表紙をつけたことにちなむ］で顧客の心をつかんだのは、バラがふたたび庭園植物として脚光を浴びるようになった頃だった。価格も需要も上向きになり、庭にバラ専用の区画ができはじめた。たとえばレプトンは晩年の1813年頃、イギリス南東部ハートフォードシャー州アシュリッジのブリッジウォーター伯爵の庭園に、「ロザリウム（バラ園）」をもうけている。

バラは市街地の庭でも引き続き主役だった。1791年にロンドンの庭のために作成された野心的な企画書を見ると、それがよくわかる。そこに登場するのは、ロサ・ケンティフォリア・ムスコーサ、モス・ローズ［ケンティフォリアの枝変わり（突然変異）で、花柄やがく片が毛で覆われているため苔（モス）が生えているように見える］のほか、新品種のロサ・ケンティフォリア・ポンポニア（*R. centifolia pomponia*、別名〈ポンポン〉）、1777年に発表された白いロサ・ケンティフォリア・ユニーク（*R. centifolia* 'Unique'）、オーストリア産で赤銅色のロサ・フォエティダ・ビコロール（*R. foetida* 'Bicolor'）、ムスク・ローズのロサ・モスカタ、1789年の革命の年にフランスで発表された〈ローズ・ド・モー〉、そして大西洋を越えてきたロサ・カロリナ（*R. carolina*）などだ。23年後の1814年にロンドンを訪れたあるドイツ人旅行者は、ロンドンには「美しい広場」がいくつもあり、子供たちが「バラのなかで」遊んでいた、と書いている。[2]

時代が19世紀に変わる頃、大胆なイギリス人旅行家たちの紀行文がペルシア式庭園へのあこがれをかきたてた。エリザベス・ケントは『家庭の植物 *Flora Domestica*』（1825年）にそのひとつを引用している。風景画家ロバート・カー・ポーター卿がペルシアの王宮を訪れたときのようすだ。

ゆうに4メートルはあろう2本のバラの木を見て息をのんだ。無数の花が咲いている。その広がり、花の姿、庭全体を包むこのうえなくすばらしい香り。こんな完璧なバラは、ペルシア以外の国では絶対に見られないに違いない。こんなふうに栽培し、大切にするのはペルシア人だけだ。この国では、庭園も中庭もバラであふれている。[3]

ペルシアで伝統的なバラ栽培が続けられていたその頃、アメリカでは、世界各国から集められたさまざまな種類のバラに熱い視線が向けられていた。トーマス・ジェファーソン（1743～1826年）は熱心なバラ栽培家だった。1791年、彼はヴァージニア州シャーロッツヴィルの新しい邸宅モンティチェロのために、ニューヨークのフラッシングにあるウィリアム・プリンス種苗商にいくつか注文を出している。プリンス社とは、まだ10種類しか扱っていなかったものの、イギリスやフランスからバラを輸入するアメリカ初の種苗商だ。ジェファーソンはガリカ・ローズ、なかでも優美な縦縞の花〈ロサ・ムンディ〉が好きだった。きっと切り花にして室内にも飾ったことだろう。ほかに注文したのは、〈オールド・ブラッシュ〉とロサ・モスカタをそれぞれ2株ずつである。ジェファーソンがバラを植えたのはモンティチェロだけではない。1816年11月1日のガーデニング・メモに、「大ぶりのバラ何種類かを北側の楕円形の花壇に植えた。矮性《わいせい》のバラは北東の楕円形の……」[4]と、ヴァージニア州の別の住居ポプラフォレストでの作業のようすを記している。

当時のイギリス、アメリカ、フランスのあいだには種々の敵対関係があったが、栽培家、植物学者、種苗商は互いに連絡を取り続けた。なかでもすごいのはロンドンの大手種苗商ジョン・ケネディで、ナポレオン戦争真っただ中の1810年にイギリス海峡を渡る特別許可を入手し、パリ郊外にある皇妃ジョゼフィーヌの居館マルメゾン城に植物を届けたばかりか、バラの剪定《せんてい》まで請け負っている。ケネディが届けたバラのひとつは、非常に人気の高かった「ヒュームズ・ブラッシュ・ティーセンテッド・チャイナ」で、前年に中国から導入されたものだった。

ジョゼフィーヌ（1763〜1814年）はナポレオンの最初の妻である。マリー＝ジョゼフ・ローズ・ド・タシェ・ド・ラ・パジュリとしてフランス領西インド諸島のマルティニク島に生まれ、ヨーロッパ旅行中に最初の夫アレクサンドル・ド・ボアルネと結婚した。家族に親しまれていたローズという名前をジョゼフィーヌに変えさせたのは、ナポレオンである。しかし後継ぎとなる男子を産めなかったためにふたりは離婚し、ナポレオンが彼女のために購入していたマルメゾン城で余生を送った。パリ西郊の都市リュエイユ＝マルメゾンにある居館と広大な庭園は、1810年の離婚後のなぐさめとなったことだろう。

ジョゼフィーヌは熱烈な植物収集家で、訪問者は彼女が集めた植物の種類の多さに驚いたという。ヨーロッパ各地の植物園からめずらしい植物の種子を入手しただけでなく中央アメリカや南アメリカからも新種を取り寄せ、1803年には2600ポンド相当の植物を買い入れている。2017年の値に換算すると23万ポンド以上だ。のちにケネディがウエスト・ロンドンの育苗園から自分自身で届けた植物の代金は700ポンド（今の6万ポンド以上）にのぼる。ナポレオンは離婚後もジョゼフィーヌに甘かった。1810年、ナポレオンはどんな伴侶でもよろこぶだろうこんな言葉を贈っ

ナポレオンの最初の妻、フランス皇后ジョゼフィーヌの肖像。当代随一のバラ愛好家として知られた。フランソワ・ジェラール画、1801年。

ている。「10万フラン割り当てた……マルメゾン用の特別金だ。だからなんでもほしい植物を買って、好きなように金を使うといい」[5]

ジョゼフィーヌが自分の手を汚して庭いじりをすることはなかったかもしれないが、植物に傾けた情熱の深さに偽りはなかった。1814年に亡くなるまでの10年のあいだ、マルメゾン城には184種類もの新種があったと考えられている。ジョゼフィーヌはまた、画家のピエール＝ジョゼフ・ルドゥーテに、自分の植物コレクションを描いてほしいと依頼した。ルドゥーテの有名な全3巻の『バラ図譜』（1817〜24年）［河出書房新社／2012年］が刊行されたのはジョゼフィーヌの没後で、城も庭園も息子［ボアルネ子爵とのあいだにもうけた子供］が相続したあとだった。おそらく後世の創作と思われる逸話だが、1814年にジョゼフィーヌがジフテリアで息を引き取るとき、ルドゥーテは植物学者たちとともに城内におり、枕元で見守ったともいわれる。

伝えられた話によると、ジョゼフィーヌは当時知られていたバラを全種類集めるつもりだったらしい。マルメゾンにあったバラのリストは残っていないが、植物に心奪われた人の例にもれず夢中になり、167のガリカ・ローズを含む200種類以上のバラをかなり短期間のうちにそろえたと考えられる。ジョゼフィーヌのおもな仕入れ先は、郵便局員から種苗商になったアンドレ・デュポンだったが、それ以外にもヨーロッパ中に発注している。

だがマルメゾンがのちにバラ園として有名になったことを考えると、当時の訪問客たちがバラについてはなにもふれず、他の植物コレクションばかりほめそやしているのは解せない気がする。ひとつの可能性は、彼女のバラ園は、屋敷や庭を再建するために選ばれた風景式庭園家のエドゥアール・アンドレが生んだ神話の一部なのではないか、ということだ。ただしジョゼフィーヌがたくさんのバラを集めたことは疑いの余地がない。おそらく、バラは鉢植えで育てられたのではないだろうか。だからバラが植えられた庭の話がまったく出てこないのだろう。ジョゼフィーヌが書いた手紙は部分的にしか残っていないが、女官に残した書きつけがそれを裏付けているように思う。1808年、バイヨンヌに滞在していたジョゼフィーヌは、マルメゾン城に手紙を送り、「わたしのバラに水をあげているか」確認してほしいと女官に申しつけている。[6]

ジョゼフィーヌはコレクションに加える新しいバラをつねに探していた。フランスのバラ史家フランソワ・ジョワイヨーはジョゼフィーヌが集めたとされるバラのリストをこつこつと調べ、全容をあきらかにした。根拠としたもののひとつが、ボナパルトの弟ジェロームの妻で、ジョゼフィーヌの元義妹カタリーナ・フォン・ヴュルテンベルクとの往復書簡である。ジョゼフィーヌは、カッセル近郊にあるカタリーナの居城ヴィルヘルムスヘーエ城からバラを送ってほしいと頼んでいる。カタリーナが暮らしていたとき「ナポレオンズヘーエ」と呼ばれたその城には、かつての宮廷庭師ダニエル・アウグスト・シュヴァルツコフが50年前につくったりっぱなバラ園があった。カタリーナはジョゼフィーヌにバラを梱包して送りますと返事を書いている。そのなかにはシュヴァルツコフが育てた、のちにルドゥーテの『バラ図譜』に出てくるバラもあったかもしれない。

ルドゥーテの本には、ジョゼフィーヌのこともマルメゾン城のこともほとんど出てこないが、1817年から24年の出版当時のフランスの政治的空気を考えると、以前のパトロンと距離をおかざるをえなかったのかもしれない。第2巻目に〈ロジエ・ド・ファン・エーデン〉という、紫がかった深い赤の花が登場する。おそらく、オランダ人育種家ファン・エーデンからジョゼフィーヌが購入したものだろう。ルドゥーテは「〔ジョゼフィーヌの〕死後、この美しいバラはマルメゾンでは見られなくなった」[7]と書き記している。

悲しいかな、それがマルメゾン城に咲くバラの運命だった。城は1824年に売却され、1871年の普仏戦争敗退後は略奪の憂き目にあう。1904年に政府に譲渡されてから博物館に生まれ変わったが、その頃にはバラは跡形もなくなっていた。紫がかったピンクで大輪のガリカ・ローズ〈アンペラトリス・ジョゼフィーヌ〉（英語ではエンプレス・ジョゼフィーヌ）は1815年頃、ジョゼフィーヌの取引先のひとつだったジャック＝ルイ・デスメによって、亡き顧客の名誉のため果敢に披露された。フランス初の帝国が崩壊した年、デスメはサンドニの育苗園、さらにはパリ郊外の育苗園も捨てなくてはならなくなった。デスメの交配種は育種家仲間のジャン＝ピエール・ヴィベールに託され、ヴィベールは対仏同盟軍の侵攻をかいくぐり、それをパリ東郊のマルヌにある自分の育苗園へ無事持ち帰った。ナポレオンを愛しイギリスを憎んだヴィベールについては第4章で述べたとおりだ。

1823年、当時のバラ育種の第一人者であり多くの品種を作出したヴィベールは、薄いピンクのアルバ・ローズ〈ジョゼフィーヌ・ボアルネ〉を発表した。おそらく、ボナパルトの影を振りはらうために亡き皇妃の初婚時の姓を使ったのだろう。これもジョゼフィーヌの死後まもなくしてつくられた、彼女の名前を冠したバラのひとつだが、その事実からジョゼフィーヌがフランスのバラ育種家たちにどれほど敬愛されていたかがわかる。1843年には、リヨンのジャン・ベルーズが

シャルル＝ポール・ルヌアール「ライのバラ園のジュール・グラヴロー」1907年頃。

豪華なサーモンピンクのブルボン・ローズ〈スヴニール・ド・ラ・マルメゾン〉（マルメゾン城の思い出）を発表した。命名したのはベルーズの育苗園を訪れたロシアの皇族だといわれる。この花は現在、修復されたマルメゾンの庭園に咲いている。バラ園の修復費用を支援したのはパリのエレガントな百貨店ボンマルシェの共同経営者で、富豪のジュール・グラヴローだった。

　グラヴローは生涯バラを愛し、１８９９年に引退したあとは育種に専念して、造園家エドゥアール・アンドレの力を借りつつ、パリ南東郊にあるライの私有地に広大なバラ園をつくった。グラヴローはすでに約１６００種のバラを収集していたが、１９００年にはまたたくまに３２００種まで増え、やがて世界一の規模になった。日本やロシアのカムチャッカ原産であるルゴサ・ローズ（和名ハマナス）がとくに好きだったらしく、バラ育種家一族として長い系譜を持つシャルル＝ピエー

バガテル公園のバラ。20世紀初頭に植栽しなおされた。パリのブローニュの森にある。

ル＝マリー・コシェ＝コシェ（1866〜1936年）と共同で仕事をした。彼らが品種改良に成功したもののひとつが、ふくよかに香る赤紫色のルゴサ〈ロズレ・ド・ライ〉で、1901年にコシェ＝コシェの育種会社から発表されている。

1916年にグラヴローが他界したあとは家族が庭園を維持管理し、1937年に地元の県に売却された。現在、「ヴァル・ド・マルヌのバラ園（ラ・ロズレ・デュ・ヴァル・ド・マルヌ）」は世界でもっとも貴重なバラのコレクションを誇る場所となり、地元の人々は敬意をこめて町の名称を「ライ・レ・ローズ」に変更している［ヴァル・ド・マルヌは旧セーヌ県の一部で1968年に新設された県名。バラ園からパリまでの距離は約8キロ］。

「ヴァル・ド・マルヌのバラ園」からパリ市を横切ると、西側にパリを世界に冠たるバラの都としたもうひとつの庭園がある。ブローニュの森の静かな一画にひっそりとたたずむバガテル公園だ。ここの城館は、ルイ16世の末弟アルトワ伯と義理の姉マリー・アントワネット王妃が1777年にした賭けから生まれた――3か月で新しい城館を完成させて祝宴を開けるかどうか、というものである。不可能と思われたが、アルトワ伯は賭けに勝った。

革命勃発後、アルトワ伯は亡命して生き延びたが［復古王制期にシャルル10世として即位］、1832年以降、敷地の所有は代々イギリスの貴族の手に渡っていく。1905年、この土地をパリ市が買い上げ、造園家ジャン＝クロード・ニコラ・フォレスティエのデザインによるバラ園の建設が計画された。フォレスティエはエッフェル塔周辺のシャン・ド・マルス公園の設計で当時すでに有名な人物だった。

フォレスティエはジュール・グラヴローと相談し、長方形の緑地内にバラをレイアウトした伝統的なフランス式整形庭園をつくり、以前からあった多くの彫像や小さな建造物にいざなう小径を配置した。それぞれのバラは四角い芝生に円を描くように植えられている。つるバラがオベリスクやつる棚を縁取って爛漫の花を咲かせ、背の高いスタンダード・ローズの下には小ぶりのバラが植栽されて正統な趣をかもしだす。現在、バガテルの庭園には2500種類以上、数にして2万本以上のバラがある。

1907年には、フォレスティエとグラヴロー主催の国際バラ新品種コンクールもはじまった。フォレスティエは公園にバラをよみがえらせるという使命に誇りを持ち、1920年にこう書いている。「ほんの20年前、バラは鼻であしらわれ、認められない存在だった。公園にも居場所はなかった」[8]。バガテル公園は「フォレスティエの最高傑作」といわれる[9]。歴史ある壮麗なバラのコレクション――とくに19世紀初頭からのコレクションを楽しむために、今も毎年6月と7月には大勢の人々が訪れる。

第7章　新たなバラ園

1858年、ロンドンのセント・ジェームズ・ホールで最初の英国バラ展示会が開催され、コールドストリーム近衛連隊の楽隊による演奏が流れるなか、2000人以上の観客の目を楽しませた。この展示会と1876年の英国バラ協会設立を推進したのは、協会の初代会長を28年間務めたサミュエル・レイノルズ・ホール師である。ホールは、マンチェスターで「綿花に注目して」財を築いた家の出身で、最終的にはロチェスター大聖堂の主任司祭になった。[1] 聖職者ではあったが、キツネ狩りを楽しみ、バラを愛した。品評会形式の展示会というホールのアイデアは人気を博し、すぐにロンドンの社交カレンダーに繰り入れられ、7月の定例行事となった。

今も語り継がれている1861年の展示会は、サウス・ケンジントンの広大なクリスタルパレスの温室で開催された。展示台の長さは150メートル以上にもおよび、ケンブリッジ公爵夫人とメアリ王女が来場した。彼女たちの列席が翌年の1862年だったら、ホールはもっとうれしかったに違いない。この年の展示会では4000本のバラを見に5787人が訪れ、軍楽隊の音楽に耳を

「サマー・ローズ・ショー」。1884年のイラストレイテッド・ロンドン・ニュースの諷刺画。大々的なバラ展示会の人気を皮肉っている。

ガートルード・ジーキルが称賛したバラ園。自著『イングリッシュ・ガーデンのためのバラ』（1902年）より。

傾けた。さらに――おそらくこれがいちばんの呼び物だったのだろうが――有名なフランス人軽業師シャルル・ブロンダンの綱渡りに目をみはったという［ブロンダンはナイアガラ川を綱渡りで横断したことで知られる］。１８６８年には、ホールは出品した16部門のうち14部門で最優秀賞を獲得した。この展示会は、ポールやフライヤー、カントなどの育種会社が新品種を披露する場だったが、熱心なアマチュア栽培家の力作も目を引いた。入賞者のなかには驚くほど多くの聖職者も含まれている。園芸家は展示会の競争を楽しみ、出品されたバラを眺めて堪能した。

とはいえ、万人が賛同していたわけではない。１８８３年、大きな影響力を持っていたウィリアム・ロビンソンの著書『イングリッシュ・フラワー・ガーデン *English Flower Garden*』が、ヴィクトリア時代の整形式花壇を廃止しよう、バラを園芸の主役の座から降ろそうという動きに拍車をかけた。

展示ケースにならべられた花。ガートルード・ジーキル著『イングリッシュ・ガーデンのためのバラ』（1902年）より。

ロビンソンは「新しいバラの庭」と題した章で「バラは庭の花に戻るべきだ――その一隅に、バラのためだけに存在するのをやめ、庭から醜さやかたくるしさを取り除くために。そして庭全体の芳香や、庭をいろどる葉や花の一員になるべきだ」と書いた。[2]

ロビンソンのよき友でありよき協力者だったガートルード・ジーキル（1843～1932年）は、ベストセラーとなった自著『イングリッシュ・ガーデンのためのバラ *Roses for English Gardens*』（1902年）の第1章に「新しいバラの庭」という同じタイトルをつけ、具体的な植栽プランを提示しながらロビンソンの考えを後押しした。ジーキルの庭づくりのスタイルは上位中流階級に大きな影響を与えることになる。庭にあう低木や多年生植物を入念に配置した植栽プランには、もちろんバラも含まれており、ジーキルの才気がいかんなく発揮されていた。

ロビンソンと同様、ジーキルもバラは庭に溶けこむべきだと考えていた。依然として庭園にバラ専用のスペースを作りたがる人がいることはわきまえていたので――おそらくは仕方なく――そういうプランや植栽も提案したが、ひと言添えた。「これまでのバラ園でいいのか、とわたしたちは思うようになってきました。『これまでのバラ園』とは、おおまかにいえば、芝生の上につくった同心円状の的のような花壇や、バランスを重んじて周囲と調和させる意図がない庭園であり、配色の効果を考えず、なるほどと思える目的もないまま、ただ植物で埋めた庭園などのことです」[3]。そういった区画を庭園からなくせないときは、緑の常緑樹の生け垣をもうけ、それに「支柱と自由に茂るバラを交互に設置しながら輪のようにつなげる」[4]場所を併用するとよい、と提案した。ジーキルが理想としたバラの庭の色彩はけっして乱雑なものではなく、ジーキルの言葉を借りれば「はな

エドワード・モーリー（ガートルード・ジーキルの共著者）の庭園で栽培されている展示用のバラ。花に保護用カバーがかけられている。

やかな」ものでもなかった。「あざやかな花が整然と配置されたはなやかさは、ほかの植物、庭のほかの部分でかなえましょう。わたしたちは心を乱されずに、バラの美しさや魅力だけを味わいたいのです」[5]

だが英国バラ協会は昔ながらの考え方にこだわった。世界で初めて設立された、特定の植物のための協会は新しい考えをなかなか取り入れようとはしなかった。[6]ホール司祭やその片腕である名誉幹事ヘンリー・ドムブレイン師ら、知識はあってもアマチュアの域を出ないバラ育種家たちが率いる協会は、品評会で賞がとれる品種の育成に焦点をしぼり、ロビンソンやジーキルが提唱する自然な植栽法とバラをむすびつけることはなかった。

この分断は、フロリバンダ・ローズが登場する20世紀になっても続いた。中輪の花が房状に咲くフロリバンダ・ローズは、本質的には花壇向きの花だ。まとめて植える群植用に売り出され、とくに公園で用いられることが多かった。新しい散布薬剤の登場によって雑

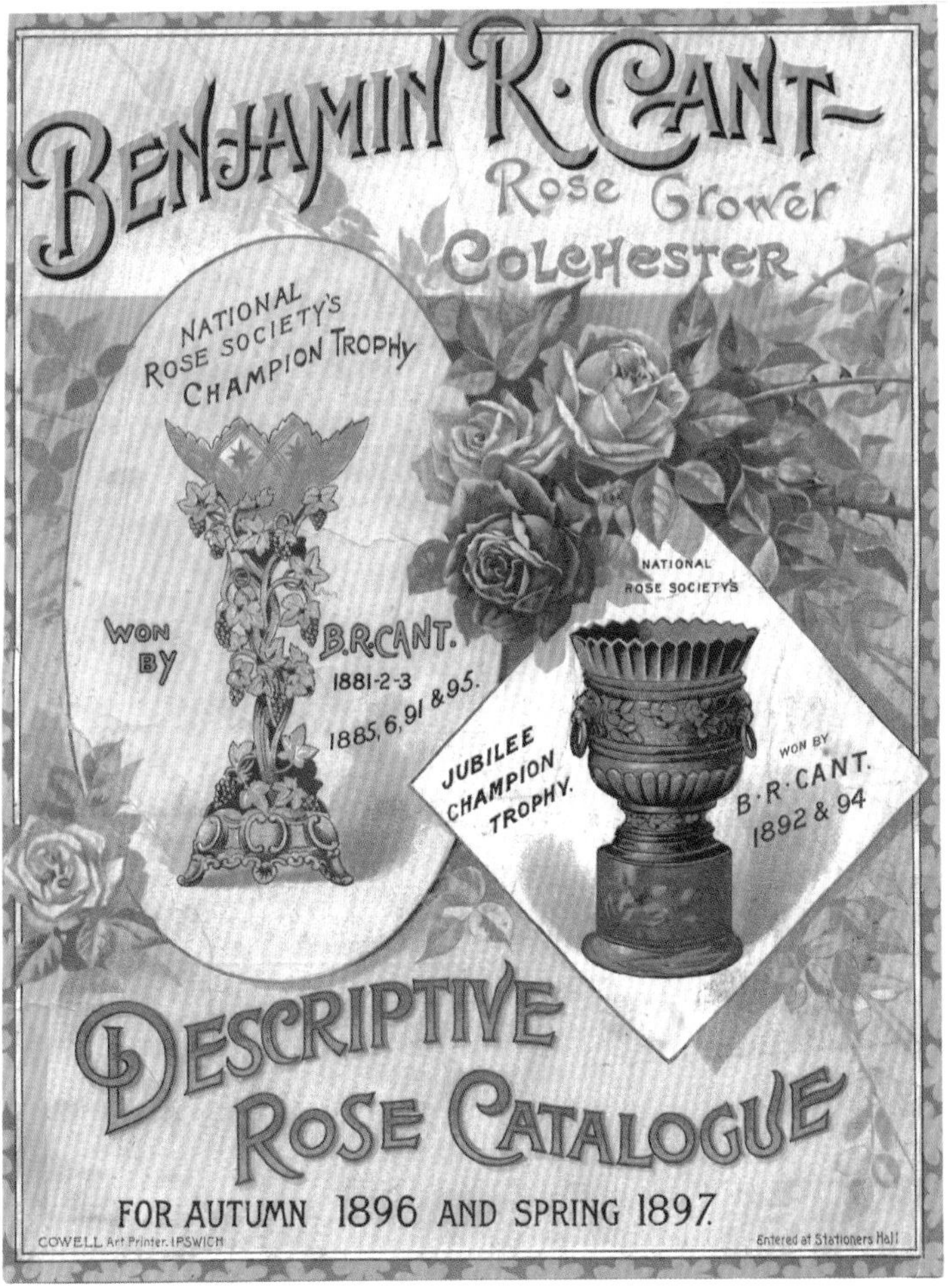

18世紀創業のイギリスの老舗バラ育種会社「カンツ・オブ・コルチェスター」の1896年のカタログ。

ハリー・ウィートクロフトのバラのカタログ（1970年）。バラも育種家もカラフルで有名だった。

草よけが簡単にできるようになったからである。ただ、フロリバンダは色のバリエーションは豊富だったものの、香りが弱いものが多かったので、世界中の園芸家はふたたびバラ専用の庭や、専用とまではいかなくても区別された花壇がある庭を造るようになった。また高価で格式のあるハイブリッド・ティー・ローズは、ロビンソンやジーキルの混植計画には合わなくても、さまざまな種類の花が夏じゅう万華鏡のように咲く、もう少しこぢんまりとした庭園では人気があった。それもジーキルなら「はなやかな花」――もちろんほめ言葉ではない――と評するだろうような種類である。

この種のバラは、自身も派手な外見で有名だったハリー・ウィートクロフト（1898～1977年）などの育種家や、D・G・ヘッスィヤン博士の『バラ栽培家 *The Rose Grower*』などの出版物によっておおいに宣伝された。印刷物は人の目を引くためにけばけばしい色彩を用い、ときには現実にはありえないような色で作成したこともあったといわれる。

こうした20世紀なかばのようすは、タイムカプセルのように、ロンドンのリージェンツ・パーク内にあるクイーン・メアリーズ・ローズ・ガーデンで見ることができる。1935年に国王ジョージ5世の妻メアリ妃によって公開されたこの庭園は、1万2000本のバラを擁する、現在もロンドン最大のバラ園だ。当初バラは、花綱の形にしつらえたつる植物がまわりをかこう整形式花壇に植えられていた。それは、当時のバラ園では最先端の展示スタイルだった。現在ではもっと混植が取り入れられ、野生種のバラも植えられている。

貴族階級出身の作家で園芸家でもあったヴィタ・サックヴィル＝ウエスト（1892～1962年）と、夫の外交官ハロルド・ニコルソンは、ロビンソンやジーキルの考えに傾倒していた。１９３０年代、ふたりはケント州のシシングハースト邸を住居として購入し、周囲に庭園を造った。サックヴィル＝ウエストは、人気はあっても派手になっていくばかりのハイブリッド・ティーやフロリバンダを拒否して、「形式は庭園の設計に欠かせないことが多いとはいえ、花や低木の配置にはまったく必要ない」[7]というロビンソンの考え方に賛同した。

サックヴィル＝ウエストによれば、ロビンソンはウエストサセックスの自邸グレイヴタイ・マナーのバラの花壇に丈の低い植物を植え、バラの根元の土が見えないようにしたそうだ。その屋敷は現在、５つ星のカントリーハウス・ホテルになっている。彼女はまた、「一本脚の鶴のように細い茎に頭でっかちの花が咲く」[8]スタンダード・ローズも嫌った。

ヴィタ・サックヴィル＝ウエストはオールド・ローズの収集をはじめた。彼女の考えでは「ドロシー・パーキンスやアメリカン・ピラのようなおぞましい」[9]品種が登場する前に栽培されていたバラである。オールド・ローズのよさがわかるには多少の時間がかかる、としながらも、牡蠣のように「一度味を覚えるともっとほしくなる」[10]類のものだという。あるときサックヴル＝ウエストは、濃いえんじ色で香りの強いバラがシシングハーストの果樹園に咲いているのを見つけた。１９４７年に「シシングハースト・キャッスル・ローズ」と名付けたが、その花がもっと昔から咲いていたのはまちがいない。おそらく〈ローズ・ド・モール〉と呼ばれた、16世紀のバラと思われる。

サックヴィル＝ウエストは「オブザーバー」紙に連載していた園芸コラムや著書でもバラについて書く一方で、シシングハーストの庭園を一般に公開した。来園者をサックヴィル＝ウエストは気取って「１シリングさんたち」と呼んでいたが、庭園の維持管理には収入が欠かせなかったので

オールド・ローズの愛好家コンスタンス・スプライによるバラのアレンジメント。フランスの画家ファンタン＝ラトゥール（1836〜1904年）の絵に着想して制作された。

ある。[11] 1962年に彼女が没したとき、シシングハーストには栽培種と野生種をあわせて約300種類のバラが植えられていた。今でも、世界でもっとも訪れる人が多い庭園のひとつに数えられるが、サックヴィル＝ウエストの300種類のバラのうち、2013年まで残ったのは約100種だけだ。現在の庭園責任者であるトロイ・スコット・スミスは、サックヴィル＝ウエストが残した園芸記録をもとに、消えてしまった種の特定や再導入をはかっている。

サックヴィル＝ウエストの努力は、ささやかであってもオールド・ローズの復権に役立った。オールド・ローズは年に2週間しか花が咲かない、病気に弱い種――というレッテルをはずしたのである。イギリスのフラワー・アレンジメントの女王コンスタンス・スプライもまた、オールド・ローズに夢中になった。第2次世界大戦中、スプライはグレアム［グラハムとも表記される］・ステュアート・トーマスを招き、自身のオールド・ローズ・コレクションを見せた。トーマスはのちに「園芸界にふたつと存在しない」ものを見たと書いている。

トーマスはサリー州チョバムのヒリング社で園芸主任を40年間務めるかたわら、ナショナルトラスト［イギリスの史跡や自然保存のための民間団体］のアドバイザーに就任して国内有数の庭園の管理にたずさわり、そしてオールド・ローズ支持の先頭に立った。バラ育種家エドワード・バンヤードの著書、なかでも『オールド・ガーデン・ローズ *Old Garden Roses*』（１９３６年）に影響を受けたが、トーマスは理論にとらわれない実際家だったため、バラは幅広い種類を用いるべきであり、公共の公園ではとくにそうだと考えていた。気むずかしいことで有名だったトーマスは、どこになにを植えるかについてゆるぎない考えを持っていた。自著『現代のシュラブ・ローズ *Shrub Roses of Today*』（１９６２年）では、次のように書いている。

つまり、わたしは秩序もほどほどに好む。家のまわりにはハイブリッド・ティーやフロリバンダやオールド・ローズもあるといい。人がつくった花は、椅子や小径、家庭菜園、整備された芝生、花壇などと融合する。その対極にあるのが、野生種だ。新鮮な空気、自由な感覚、自然豊かな田舎の雰囲気をかもしだす。魅力的であるにもかかわらず、あまり主張はしない。それは草や木のあいだで咲き、ほかの自然にかこまれて初めて生みだされる美だ。[12]

トーマスは一流の園芸家だったが、オールド・ローズの世界的権威にもなり、新たに「オールド・

シュラブ・ローズ」（「半つる性のオールド・ローズ」の意）という分類をつくった［シュラブは「木立ち性（ブッシュ）」「つる性（クライミング）」の中間に位置する樹形で、「半つる性」もしくは「低木性」と呼ばれる］。それまでは「オールド・ガーデン・ローズ」や「オールド・ファッション・ローズ」と呼ばれていたのである。

トーマスの原則はつねに、「庭にとって有意義」なものを集めること、そしてヒリング社の仕事のときは「売れる」ことだった。第2次大戦中、ヒリング社のバラ目録は1250種から約400種に縮小し、古い種の多くはトーマス自身によっても目録からはずされ、そのまま永久に失われてしまった。イギリス東部ノーフォーク州の育種家だったピーター・ビールズが、オールド・ローズを保護して販売する当時唯一の専門育苗園を設立したのは1960年代になってからである。

グレアム・スチュアート・トーマスは、ビールズがまだ見習いだった頃の師匠のひとりだった。デビッド・オースチンもトーマスのよき友人となり、1983年にはあざやかな黄色でかぐわしいティー香を放つバラに「グレアム・トーマス」という、彼にちなんだ名前をつけた。これはオースチンの成功作のひとつに数えられている。

トーマスの影響は今なおイギリス中で認められる。その筆頭にあげられるのがナショナルトラストが管理する庭園であり、ヒドコート、シシングハースト、ポレスデン・レイシー、マウント・スチュアートなども有名だ。だがトーマスのオールド・ローズ最高のコレクションが一堂に会しているのは、イギリス南部ハンプシャーのモティスフォント・アビーである［ここは1201年に修道院（アビー）として建設され、その後は貴族等の邸宅になり、20世紀なかばにナショナルトラストに寄贈され

デビッド・オースチンの〈グレアム・トーマス〉(1983年)。偉大な育種家を称えたバラ。ハンプシャーのモティスフォント・アビーにトーマスの比類ないコレクションがある。

ドイツ、ザンガーハウゼンにあるヨーロッパ最大のバラ園。遠方に見える石炭の山が東ドイツ時代を思い起こさせる。

た」。1970年代にはいり、引退の準備をはじめたトーマスは、自身の植物コレクション、とくに1900年以前からあるバラの落ち着き先を探していた。モティスフォント・アビー内の古い壁にかこまれた野菜園を使用できることになったトーマスは、何年もかけてバラを移植していった。現在、そこは1900年以前のオールド・ローズ・ナショナル・コレクションとして管理されている。

モティスフォント・アビーには約1000本のバラが咲いているが、ヨーロッパ大陸にあるバラ園と比べると、こぢんまりした印象を受ける。富裕なアマチュア収集家と熱心な国立バラ協会が協力した結果、西ヨーロッパではほとんどの国に大きなバラ園が最低ひとつは誕生した。フランスではパリにそうしたバラ園があるのはもちろんだが、有名なバラ育種家を数多く輩出してきたバラの古都リヨンにもテット・ドール公園があり、ここにはひとつではなくふたつのコレクションがある。

デンマークならば、コペンハーゲン近くのギャレフ公園にあるバラ園。ベルギーならフランドル地方シント＝ピーテルス＝レーウのコロマ・バラ園。イタリアのフィレンツェ近くには、高名な医師でバラ収集家だったジャンフランコ・フィネスキ（1926〜2010年）が造った広大なフィネスキ公園がある。まだまだ枚挙にいとまがない。

バラの本数でフィネスキ公園を上まわるのはただひとつ、ドイツのライプツィヒ近郊ザンガーハウゼンにあるヨーロッパ・バラ園だけだ。1898年にドイツ・バラ協会によって創立され、1903年に一般公開されたヨーロッパ・バラ園には品種にして8600種類以上、約8万本のバラがある。古い栽培種も多いが、とくに20世紀初めのバラのコレクションがすばらしく、多種多様なランブラー、ポリアンサ、ハイブリッド・パーペチュアル、ノワゼットなどが育てられている。

第2次世界大戦後に世界の二大陣営であるアメリカとソヴィエトの対立が強まって冷戦がはじまり、1948年から鉄のカーテンによってドイツが東西に分断されると「ドイツ民主共和国（東ドイツ）建国は1949年、ベルリンの壁建設は1961年、「鉄のカーテン」は社会主義国家の閉鎖的態度の比喩である」、西ヨーロッパのバラ愛好家は気軽にザンガーハウゼンを訪れることはできなくなった。しかし東ドイツの炭鉱にかこまれることになっても、職員たちは献身的にバラ園を維持し、1989年の東西ドイツ統一後も発展を続けている。

一方の西ドイツでは1969年、ドイツ西部ドルトムントのヴェストファーレン公園に5万本以上のバラを植えたバラ園ができた。ドイツ・バラ協会も公園や家の庭にバラを植えることを奨励し、それに応じた町や村には「ローゼンシュタット」（バラの町）、「ローゼンドルフ」（バラの村）を町

ペルネ=デュシェの〈マダム・カロリーヌ・テストゥ〉(1890年)。1905年、オレゴン州ポートランドには1万本が植えられて「バラの街」の名のもとになった。

名や村名に冠する権利を与えている。

アメリカで「バラの街」に名乗りをあげたのはオレゴン州ポートランドである。1905年、ポートランドで空前絶後の世界博覧会が開かれ、主催者は歩道を1万本の木立ち性のバラ、ペルネ＝デュシェのハイブリッド・ティー・ローズ〈マダム・カロリーヌ・テストゥ〉（1890年）で飾った。それは人々に強烈な印象を与え、このたのもしい花は夏のあいだずっと光り輝くピンクの花を咲かせていたという。ポートランドでは1907年にもローズ・フェスティバルが開催され、同時にローズ・テスト・ガーデンが創設された。これは、そこに新作のバラを送れば審査してもらえる機関であり、現在もその機能は引き継がれている。ポートランドにはほかにもふたつのバラ園があるが、気候的にはカリフォルニアのほうがバラ園に適しているかもしれない。カリフォルニアには多くのバラ園があり、ロサンゼルスのサンマリノにあるハンティントン・ボタニカル・ガーデンなどはその代表だ（とはいえ、ポートランドのバラ園は今もやはり人気が高い）。

東海岸には、コネティカット州ハートフォードにエリザベス・パーク・ローズ・ガーデンがある。これはアメリカ最古の市営バラ園で、ポートランドより1年早くオープンした。全米バラ協会（1912年）の最初の試験場があった場所でもあり、800品種、約1万5000本のバラの木を維持している。

バラは建国時からアメリカでもっとも人気のある花だった。北アメリカ原産種は少ないものの、世界最古のバラの化石が見つかっており、1985年には議会でバラを国花とする決議が採択された。ロナルド・レーガン大統領は1986年の公式宣言で、初代大統領ジョージ・ワシントンがバラを育てていたことにふれ、いつになく美しい口調で次のように語った。「ほかのいかなる花よりも、わたしたちはバラをこよなく愛しています。生命と愛と献身の象徴、美と永遠の象徴として。男女の愛として、人と神の愛として、国家の愛として。アメリカ人は心からの言葉を伝えようとするとき、バラを手にします[13]」

国花に選ばれる前、バラは1955年にニューヨーク州の州花になっていた。ほかにも、それぞれの地域特有の種を州花に定めている州がある。1897年にはアイオワ州が大草原に咲く野生種(ワイルド・プレーリー・ローズ、学名ロサ・アルカンサナ *R. arkansana*)を採用しており、オクラホマ州は2004年に同名の栽培種オクラホマ・ローズを選んだ。ジョージア州は、1916年にチェロキー・ローズ(ロサ・ラエウィガタ *R. laevigata*、和名ナニワイバラ)を選んだ。ただしこの花は近年の研究により、中国原産だとあきらかになっている。また、「テキサスの黄色いバラ」という有名な民謡があるが、テキサス州の花はハウチワマメで、これは地元ではブルーボネット(「青い帽子」の意)と呼ばれる青花のマメ科ルピナス属だ。

アメリカ大統領にはバラ愛好家が多かった。ロナルド・レーガンが述べたように、それはジョージ・ワシントンまでさかのぼる。ワシントンはヴァージニア州マウントバーノンの邸宅に大量のバラを植えており、夫人のバラ水用の花びらを摘むのに1週間かかるほどだったという。よく知られているように、第3代大統領トーマス・ジェファーソンは19世紀初頭、ヴァージニア州に壮麗な私邸モンティチェロを建て、庭園にバラを植えた。現在、そのバラ園は「レオニー・ベル・ローズ・ガーデン」と呼ばれており、ジェファーソンが好んだ八角形の基本構造を保ったまま、ノワゼット

ホワイトハウスのローズ・ガーデン。歴代大統領一家の公私にわたる貴重な空間である。

やティー・ノワゼット、チャイナ・ローズなど、多くの種類が植えられている。

バラは19世紀なかばからホワイトハウスでも育てられてきた。絶対禁酒主義者だったラザフォード・B・ヘイズ大統領は、1877年にバラの温室を増築した。訪問客をバラの香りで酔わせたかったのかもしれない。どの種類が栽培されていたのかは不明だが、弱い品種だったのだろう。ワシントンDCのしばしば過酷な冬の寒さから守るために温室で育て、ホワイトハウス内に飾ったのだと思われる。グローヴァー・クリーヴランド大統領時代の1893年には、淡いピンクのティー・ローズ〈カトリーヌ・メルメ〉(1869年)を含む数千本のバラが冬期の室内装飾に使用された。ウィリアム・マッキンリー大統領時代の1900年には、ピンクのつるバラ〈エンプレス・オブ・チャイナ〉(1896年)もホワイトハウスで好んで用いられるようになる。このバラの名前は、1783年に初めて中国に到達したアメリカの快速帆船にちなむ。

1902年、イーディス・ルーズベルトがファーストレディになると、これまでとは様相が一変する。園芸主任のヘンリー・フィスターが肩を落としたように、温室とガラス張りのガーデンルームはバラ専用部分も含め、「西棟」の改装のために取り壊され、かわりに整形式屋外庭園が造られた。1913年、エレン・ウィルソンはファーストレディ在任期間中に（彼女は1914年に亡くなっている）、造園家のベアトリクス・ジョーンズに庭の再設計を依頼した。作家イーディス・ウォートンの姪でガートルード・ジーキルの友人であり、ジーキルの自然な植栽法に影響を受けた風景式庭園家のジョーンズは、イースト・ガーデンを一からつくりなおした。歴史学者のマックス・ファーランドと結婚したあともジョーンズは庭の設計を続け、北米でもっとも影響力を持つ設計士のひとりとなり、ワシントンDCのジョージタウンにあるダンバートンオークスに有名なバラ園をつくった。

1961年にケネディ夫妻がホワイトハウスのあるじになった頃、先々代の大統領夫妻ハリーとベス・トルーマン（在任1945〜53年）がフロリバンダ・ローズを栽培品種に加えていたものの、ホワイトハウスの庭園はやや時代遅れになりつつあった。ケネディ夫妻はまずローズ・ガーデンを──ジェファーソン大統領も好きだった──18世紀の庭園風に改修し、常緑樹で縁取りした整形式の芝生を導入することにした。

改修の監督にあたったのは、大統領夫妻の親友だった造園家のレイチェル・〝バニー〟・メロンと、庭園デザイナーのペリー・ホイーラーである。メロンはケネディ大統領にトーマス・ジェファーソンの『ガーデン・ブック *Garden Book*』を贈り、大統領はジェファーソンの植栽記録をおおいに参考にした。なお、ローズ・ガーデンという名称にもかかわらず、メロンの設計ではバラは主役にはならなかった。

代々の大統領家族はそれぞれ自分の好みの品種を取り入れていった。〈クイーン・エリザベス〉が長きにわたって不動の座を占める一方、ホワイトハウスの住人が入れ替わるのにあわせて〈パット・ニクソン〉〈ナンシー・レーガン〉〈ロナルド・レーガン〉などが出たり入ったりした。

新しいローズ・ガーデンは屋外でのもてなしや、ときには大統領家族の結婚式などに使われるようになり、今でもそれは続いている。1000人ほどのゲストを収容できる広さがあるうえに、外界と遮断されているので、大統領が他国のリーダーと膝を交えて親密な話をする場としても利用される。政治にまつわる言葉が生まれたこともある。「ローズ・ガーデン戦略」は、再選キャンペーン期間中、大統領がホワイトハウスにとどまって政策運営に専念することを意味する。〝バニー〟・メロンはこう述べている――バラは「過去から現在までホワイトハウスで暮らした者すべてをむすびつける、ただひとつの花です[14]」

第8章 バラと文学

1861年、画家で詩人のダンテ・ゲイブリエル・ロセッティと詩人のアルジャーノン・スウィンバーンは、ロンドンの高級住宅街メイフェアのグラフトン・ストリートにあるバーナード・クオリッチ古書店の店先で、挿絵入りの詩集が安値で山積みになっているのを見つけた。それはペルシアの偉大な数学者、天文学者、詩人のウマル・ハイヤーム（1048～1131年）の詩集の英訳だった。

翻訳者のエドワード・フィッツジェラルドは、75編の四行詩をエドマンド・J・サリヴァンの線描画の挿絵で飾り、私家版の詩集を制作すると、クオリッチに頼んで彼の書店にその一部を置かせてもらった。だが詩集は2年たってもいっこうに売れなかった。クオリッチは在庫を処分するため、1ペニーという破格の値段で店の外にならべていたのである。ロセッティとスウィンバーンは1冊ずつそれを購入した。ふたりはその詩集の言葉と挿絵が喚起するイメージに心を奪われた。友人たちに伝えると、評判はあっという間に広まった。こうして、フィッツジェラルドが大胆に意訳した

四行詩『ウマル・ハイヤームのルバイヤート』「ここもとに、みだれ咲く薔薇を見ずや」のエドマンド・デュラックによる挿絵（1909年）

『ウマル・ハイヤームのルバイヤート』はようやく売れはじめ、その後、さまざまな挿絵とともに版を重ねた。なかでもエドマンド・デュラックによる挿絵はとくに有名だ（1909年刊行）。

ペルシアの文化におけるバラの重要性を考えれば、『ルバイヤート』に幾度となくバラが登場するのは驚くべきことではない。とりわけイメージを喚起するのは13番の詩である――「ここもとに、みだれ咲く薔薇《そうび》を見ずや言へるやう、『笑《えま》いつつ世に吹くわれぞ。わが財布、絹の總《ふさ》裂く時をうつさず、その寶《たから》、花園のうへに投げらる。』」〔『ルバイヤート』エドワード・フィッツジェラルド英訳／竹友藻風訳／マール社／2005年より引用。同書では15番に収録〕。この詩は、読者や画家のウィリアム・シンプソンをはじめとする芸術家たちにインスピレーションを与えた。シンプソンは、イラン北東部のニシャプールにまで足を運んでハイヤームの墓を訪ね、小さなピンク色のバラを見つけた。彼はそのバラの種子を持ち帰り、キュー王立植物園に送った。それから咲いたもののうち、最高の夏咲きのダマスク・ローズが1893年10月7日、ウマル・ハイヤーム・クラブの熱狂的な会員たちによってサフォーク州ボールジ村のフィッツジェラルドの墓に植えられた。

バラは、旧約聖書から古代のギリシア人やローマ人、中国の唐、宋の時代、シェイクスピア、イギリスのロマン派の詩人たち、さらにそれ以降も、つねに文学の名作をいろどってきた。時代によって、騎士道的愛、情欲、死、命のはかなさ、そして神の愛にいたるまで、数多くのものを象徴してきた。また、ほとんどのバラには棘があるが、バラの棘はさまざまな愛の代償の隠喩《いんゆ》になっている。バラほど世界中の偉人な作家たちにインスピレーションを与えた花はない。13世紀の初め、中国南宋の皇后楊桂枝《ようけいし》は、黄色いバラの四行詩を詠んだ。

雪のような雄しべが　やわらかな黄（の花）に点を打つ
薔薇を濡らす朝露が　我が衣を湿らす
西風が　野にいる蜂と蝶を吹き飛ばす
我はひとり　天地の狭間に　かぐわしい肉桂の香を友として[1]

ペルシアは何百年にもわたってバラ崇拝の中心であり、バラはペルシア文学をあざやかにいろどる。書物を「花園」と呼ぶこともペルシアに由来する。なかでもバラは、ペルシアの詩人にして哲学者のサアディー（1194〜1296年）とのむすびつきが深い。代表作『薔薇園』（1258年）の序に、サアディーはこう記している。

花瓶の薔薇花が汝のため何の役に立とう、
汝は私の薔薇園《グリスターン》から花弁を摘め！
その薔薇花は僅か五、六日の生命《いのち》に過ぎぬ、
されど私の薔薇園《グリスターン》は永久《とわ》に楽しかろう！
［『薔薇園（グリスターン）』／蒲生礼一訳／平凡社／1964年より引用］

現在もイランでもっとも人気のある詩人ハーフィズ（1315〜1390年）の詩にも、やはりバラがあふれている。

ペルシアの詩人サアディー『薔薇園（グリスターン）』（1645年版）の挿絵「薔薇園のサアディー」

「拾遺集 gleanings〔gleaning は「落ち穂」の意〕」「紙葉 leaves」「詞花集 verbal flowers」など、スペインから日本にいたるまで、昔から作家たちは作品を集めたものの呼び名に園芸用語を用いてきた。[2] 本を花の保管場所にたとえることは、西洋文学の伝統である。「アンソロジー（名詩選／選集）」は、「花を集めたもの」という意味のギリシア語に由来する。庭を「ロクス・アモエヌス」、すなわち「理想的で快適な場所」ととらえることで、作家たちは隠喩や物語によって読者を惹きつけようとした。とくにホルトゥス・コンクルースス（閉ざされた庭）の隠喩の由来は、古くは旧約聖書の「雅歌」4章12節の「わたしの妹、花嫁は閉ざされた園。閉ざされた園、封じられた泉」〔新共同訳〕にまでさかのぼる。

中世のヨーロッパ文学は、1230年頃にフランスのギヨーム・ド・ロリスが書いた4000行ほどの韻文物語『薔薇物語』〔ギヨーム・ド・ロリス、ジャン・ド・マン著／篠田勝英訳／平凡社／1996年〕に強い影響を受けている。『薔薇物語』では、バラは女性とかなわぬ愛を象徴し、壁にかこまれた庭園を舞台に宮廷風恋愛の掟が描かれた。宮廷風恋愛は理想化された騎士道的な行動の典型であり、プラトニックな恋愛感情をベースに、多くの場合、人妻であるがゆえに手の届かない存在の女性に対する若い騎士の熱愛を描く。慎重に段階を踏みながら、若者は彼女を手に入れようと試み、それによって、かなわぬ恋に向き合う彼の価値が証明される。宮廷風恋愛を理解すること——そしておそらく、それを実践すること——は、若い男性貴族の教育に不可欠なものとしてとらえられていた。

ド・ロリスの『薔薇物語』は未完と考えられており、4000行の寓意詩が遺されてから40年を

『薔薇物語』の挿絵。（かなり大きい）バラのつぼみを手にする恋人。

経て、1270年代にジャン・ド・マンが1万7000行ほどを加筆した。ド・マンの続編はかなり複雑をきわめ、「理性」「ゲニウス〔〈自然〉の司祭あるいは生殖の霊とされる〕」など、哲学的な概念を擬人化した登場人物が次々に登場しては熱弁をふるう。内容はド・ロリスのロマンティックな理想主義から離れ、現実的な性愛に重点がおかれるようになり、「バラのつぼみ」は現在では肉体的、官能的なシンボルになった。約130の写本が現存するなど、300年にわたりヨーロッパでもっとも人気のある書物だったが、これを批判する者がいなかったわけではない。たとえば、1402年、詩人で文学者のクリスチーヌ・ド・ピザンは『薔薇物語に関する議論 *Dit de la rose*』でド・マンの女性蔑視の描写に異議を唱えている。

ジェフリー・チョーサー(1343頃～1400年)は『薔薇物語』の大半を英訳し、『*The Romaunt of the Rose*』の英題で発表した〔『中世英語版　薔薇物語』瀬谷幸男訳／南雲堂フェニックス／2001年〕。「Romaunt」は「ロマンス」を意味する中世英語である。さて、『薔薇物語』では、主人公は壁にかこまれた庭園に住まう若い女性に求愛する。

多くの美質に恵まれ
まことに愛されるのに値する人なのだから、
「薔薇」と呼ばれるのにふさわしい女性なのだ。〔篠田勝英訳〕

『薔薇物語』に影響を受けたチョーサーは、それまでの英文学に見られなかった、人間くさい、ときに性的なリアリズムのある登場人物を描くようになった。チョーサーの『カンタベリー物語』には、英語版『薔薇物語』からいくつかの引用がある。たとえば、「バースの女房」のセリフは英語版『薔薇物語』の記述がそのまま使われており、「尼寺の長」の食事の作法にもフランス語原典『薔薇物語』との関連性が見られる。

現代の読者にとって『薔薇物語』に見られる象徴化が難解で異質に感じられるとすれば、ダンテ・アリギエーリ（1265～1321年）の「神秘のバラ」もまたそうだろう。14世紀初頭に書かれた叙事詩『神曲』の第3部「天国篇」に登場する「神秘のバラ」は、ダンテの地獄、煉獄、そして最後には天国にいたる寓意的な旅と深くかかわっている。ダンテは、永遠の女性ベアトリーチェの導きで9つの天をめぐり、神のもとへ向かう。旅の終わりが近づいたとき、ダンテは花弁の上に聖人たちがつどう巨大な純白のバラを目にする。陽光が降りそそぐなか、ベアトリーチェは自分の席につき、人間の愛と神の愛をむすびつける。

この叙事詩には植物の隠喩がちりばめられている。聖人たちは花、天国は庭、白いバラの香りは神への絶えざる賛美を意味し、そして神は、当然、「永遠の庭師」である。ダンテの神秘の白バラは天国を意味するものとなり、宗教的なシンボルとしてバラの地位を確固たるものにした。ダンテに続いて、ソネット（14行詩）の形式を世に広めたフランチェスカ・ペトラルカ（1304～1374年）も、愛の詩にバラの表現を用いた。

荒んだ茨の中で　生まれ落ちた純白の薔薇、

この後　ああ誰がかかる景色を眺めようぞ？
われらが御代の栄光よ！
［『カンツォニエーレ　俗事詩片』池田廉訳／名古屋大学出版会／１９９２年より引用］

フランスの詩人ピエール・ド・ロンサールの「カッサンドルへのオード――可愛い人よ、バラを見に行こう」は「詩王」と呼ばれたド・ロンサールの有名な誘惑の詩である。彼はまた、「バラはキューピッドが持つブーケだ」とも書いている。

シェイクスピアの作品にもバラがよく登場する。田舎育ちのシェイクスピアは、当然植物を愛し、その育て方を熟知していたはずだ。初めてシェイクスピアの修辞表現を分析したキャロライン・スパージョンは１９３５年の著書でこう述べている。

ある意味で彼は本質的に庭師であり、ごく自然に庭師の本能にしたがった。花や果物など、いつくしんで育てなければならないものを見つめ、やさしく世話をする。その戯曲をとおして、彼はいともたやすく、そして快く、庭師の観点から人間の生活と行動を考えている。[3]

シェイクスピアの戯曲と詩に登場するバラの表現は70か所以上におよび、ほかのどの植物よりも多い。わたしたちは、白バラと赤バラがヨーク家とランカスター家の記章だったことを知っている。しかしそれは、史実そのものよりもシェイクスピアの創作のおかげで、ふたつの花がバラ戦争として知られる15世紀の王位をめぐる争いに永久的にむすびつけられていることも理解している。『ヘンリー六世』や、おそらくそのほかのシェイクスピア初期作品が最初に上演されたのは、ロンドンのテムズ川南岸にあったローズ座だった。これは南岸地区の有名な劇場のなかでも最初にできたもので、1587年に興行師フィリップ・ヘンズローによって建設された。劇場が建っていたのは歓楽街の一角のリトルローズ。名前はかつてこの地にあったローズ修道院のバラ園にちなむ。やがてローズ座は、やはり南岸にできたグローブ座の人気に押されて影が薄くなり、1605年に閉鎖された。1989年、往年の名残をとどめた遺跡が発見されると、その保存運動がはじまった。有名なシェイクスピア俳優のローレンス・オリヴィエはローズ座保存運動を支持し、生前最後のスピーチをおこなった。遺跡の土台は現在も保存されているが、再建される見通しは立っていないようだ。

シェイクスピアの作品中もっとも有名な「バラ」の台詞は、『ロミオとジュリエット』の第2幕第2場のバルコニーのシーンでジュリエットがする独白だ。この台詞を聞いた庭師はみな、身震いするほどの共感をおぼえるに違いない。「名前がなんだというの? バラと呼ばれるあの花を別の名前で呼んでみても、甘い香りに変わりはないはず」。しかしシェイクスピアはバラをよく知っており、ときには具体的な品種名をあげることもあった。『コリオレイナス』で護民官ブルータスは「念入りに化粧した頬なのに、白い肌が日焼けして赤《ダマスク》になるのも気にしない」と吐き捨て（第2幕第1場）、『冬物語』ではごろつきのオートリカスが「手袋はダマスク・ローズの香りつき」と歌いながら登場する（第4幕第4場）。

29.
and with
eglantine."
Midsummer Night's
Dream, Act ii., Sc. 1

1900年代前半の絵葉書。シェイクスピア『夏の夜の夢』よりタイターニアの寝床について語るオベロンの言葉が引用されている。

『夏の夜の夢』では、妖精王オベロンと女王タイターニアの台詞にムスク・ローズ（麝香バラ）が出てくる。タイターニアと諍《いさか》いをしたオベロンは、妻がよく眠りにつく小さな谷を思い浮かべながら、「その上を甘い香りのスイカズラ、麝香バラ、野バラが天蓋のように覆っている」とつぶやく（第2幕第1場）。一方、惚れ薬をかけられたタイターニアは、魔法で頭がロバになった織工ボトムに夢中になり、「つやつや、すべすべのお頭《つむり》に麝香バラをさしましょう」と甘くささやく（第4幕第1場）。

シェイクスピアはバラの棘についてもためらわずに語った。『ソネット集』35番には「薔薇には棘があり、清らかな泉にも泥がある、この上なく美しい花のつぼみにも、いやな虫が巣くっている」と書いている［『対訳シェイクスピア詩集』柴田稔彦編／岩波書店／2004年より引用］。『オセロー』では、妻デズデモーナの不義の疑惑に苛《さいな》まれたオセローは、妻を殺すか殺すまいかと悩み、「このバラを摘んでしまえば、二度とふたたび咲かすことはできぬ」と命のはかなさを思う（第5幕第2場）。文芸評論家のスパージョンは、シェイクスピアは故郷ストラトフォードアポンエイボンの自宅での庭師としての実体験によって、同時代のオックスフォード大学やケンブリッジ大学出身の詩人や劇作家とは別格の存在になったと指摘する。『恋の骨折り損』（第1幕第1場）で青年貴族ビローンはこう述べている。

私はクリスマスにバラを咲かせたいとは思わないし、
春の花に着替えた五月の大地に雪を降らせたいとも思わない。

それぞれの季節に合ったものが好きなのです。

［『恋の骨折り損』松岡和子訳／筑摩書房／2008年より引用］

詩人エドマンド・スペンサー（1553～1599年）は「美しいエリザ、すべての羊飼いたちの女王」に「ダマスク・ローズとラッパズイセン」を冠したが、季節としては、やはりちぐはぐな感じは否めない。とはいえ庭師の視点が欠けている作家はほかにもいる。スパージョンの見解によれば、フランシス・ボーモントとジョン・フレッチャーは「まったくの無知」である。それは、戯曲『ウァレンティニアヌスの悲劇 *The Tragedy of Valentinian*』（1647年）の「たとえあなたがどのような人々にかこまれていようとも……生い茂る雑草のなかのバラのように……」という台詞であらわになっているという。同じように、アンドルー・マーヴェル（1621～1678年）は、「子鹿の死をいたむニンフ *The Nymph Complaining for the Death of her Fawn*」という詩にこう記した。「わたしには庭がある　でもバラもユリも茂りすぎてしまって　小さな荒地のように見えるかもしれない……」

カトリックに関連するバラの象徴性は、宗教改革の時期に排除されていた。しかし、17世紀なかばにピューリタン詩人のジョン・ミルトン（1608～1674年）の叙事詩『失楽園』で、バラは復活を遂げた［以下、『失楽園』平井正穂訳／岩波書店／1981年よりの引用が続く］。ミルトンは天使たちを「天上の薔薇の色に映えて」と表現し、バラを「楽園にふさわしい花」のひとつとして描いた。アダムとエバ［イーヴ］の寝床にバラの花弁が散り、アダムはエバにバラが咲く庭の手入れをさせる。これは、シェイクスピアがたびたびバラを青春になぞらえたことに通じるものであり、この叙事詩を失われた黄金時代と重ね合わせている。

『失楽園』でもっとも重要なバラのイメージは、サタンがエバを見たときの記述で、エバが「立っていたあたり一帯には馥郁《ふくいく》たる香りが立ち籠めていて、それに隠れて姿も殆《ほとん》ど見えないといってもよかった。それほど一面に薔薇が叢《くさむら》をなして生い茂」っていた。そしてバラは、アダムとエバの関係が破綻したときにも現れ、「イーヴのために、と編んでいた花の冠が、急に萎《な》えてしまって彼の手から落ち、薔薇の花もことごとく凋《しぼ》んで散ってしまった」

第1章の最後でふれたように、ロバート・ヘリックは、詩「乙女たちに」で古代ローマの著述家アウソニウスの一節を借り、「摘めるうちにバラのつぼみを摘む」ことの大切さを説いた。だが王政復古時代から18世紀初めにかけて、ジョナサン・スウィフト、ジョン・ドライデン、アレキサンダー・ポープなどの詩にバラが詠まれるのはごくまれだった。ポープの諷刺的な叙事詩『髪盗人』では、バラはシェイクスピア作品におなじみの「バラ色の頬の」若い娘をあてこするような形で登場する。

かなたにはなよなよしたる物腰の「気取り」が侍《はべ》り、
十八のおとめのごときばら色を頬に表し、
例のよに甘えた口調で物を言い、小首をかしげて、
ひ弱さを装おいながら、物思い、これみよがしの姿なり。

［アレグザンダー・ポープ『髪の掠奪』岩崎泰男訳／同志社大学出版部／1973年より引用］

17世紀から18世紀にかけてのこの空白の理由は、カトリックとバラの関連性に対する懸念が尾を引いていたからかもしれない。イングランドでステュアート朝が誕生すると、テューダー朝の政治的なシンボルとしてのバラは消え去った。一方で、カール・リンネをはじめとする植物学者たちによる植物と花の科学的な分析によって、バラから宗教的、神秘的な要素はしだいに取り除かれ、バラが意味するものはますます情緒が主体になっていった。

18世紀後半、バラのロマンティックさを称賛する風潮がふたたび現れた。スコットランドの詩人ロバート・バーンズ（1759～96年）もそのひとりである。作詞も手がけた彼は1794年に「赤い、赤いバラ」を発表した。冒頭の「ああ、恋人は赤い、赤いバラのよう　六月に花咲く」というフレーズを聞けば、スコットランド人にかぎらず、多くの人が口ずさみたくなるに違いない（詩を歌にするのはかならずしも賢明とはいえないが）［現在は1821年につけられた曲でスコットランド民謡となっている］。また次の2作品は、もともとは詩だったものに曲がつけられ、19世紀のバラの歌として定着した。アイルランドの詩人トーマス・ムーアの「夏の名残のバラ」（1805年）は、〈オールド・ブラッシュ〉という栽培種に着想を得て書かれたものだ。この詩や曲はベートーベンからベンジャミン・ブリテンにいたるまで、数多くの作曲家たちにインスピレーションを与えた。

それは夏の名残のバラ

一輪だけが咲きのこる
ほかの美しい仲間たちは
色褪せて散ってしまった
一緒にいる花はなく
つぼみすら見えない
もはや紅い色を思い出すことも
ため息を交わすこともかなわず

「庭においで、モード」は、ある程度の年代の人であれば口ずさむことができるだろう。これはアルフレッド・テニスン（1809〜92年）が1855年に書いた詩「モード」の一部で、その2年後にマイケル・バルフが詩にふさわしい感傷的な曲をつけ、ピアノの伴奏入りの軽音楽として人気を博した。この詩にはバラが何度も登場する。モードは「少女ばかりの薔薇のつぼみの庭に開く女王薔薇」と呼ばれ、彼女がやっと庭に現れたときに高まる緊張は、少なくとも現代人にとっては、女性のセクシュアリティをあらわす「閉ざされた庭」を暗示する文学の残響を感じさせる。対照的に、ウィリアム・ブレイク（1757〜1827年）が呼び起こすイメージは、詩においても、みずから描いた版画の挿絵においても、はるかに味気ない。

おお薔薇よ、おまえは病んでいる。

"Rosy is the West,
Rosy is the South,
Rosy are her cheeks
And a rose her mouth."
(Tennyson's "Maud".)

1900年代前半の絵葉書。テニスンの詩「モード」（1855年）のミュージカルの一場面。

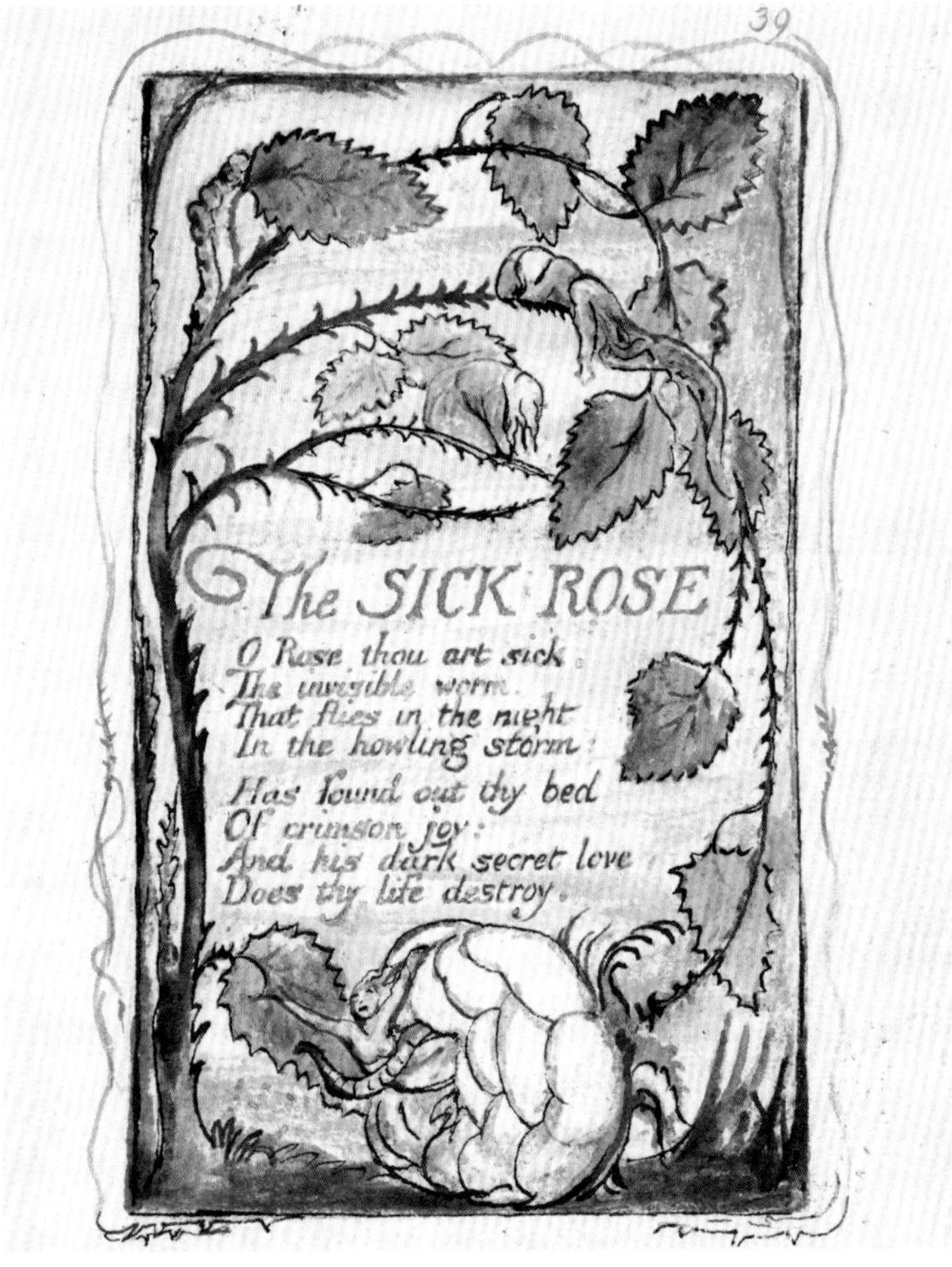
39
The SICK ROSE
O Rose thou art sick.
The invisible worm,
That flies in the night
In the howling storm:
Has found out thy bed
Of crimson joy:
And his dark secret love
Does thy life destroy.

ウィリアム・ブレイクの詩集『経験の歌』「病める薔薇」の挿絵（1794年）

夜にまぎれて飛ぶ
眼に見えない虫が
荒れ狂う嵐のなかで
深紅の歓喜の
おまえの寝床を見つけた。
そして彼の暗いひそかな愛が
おまえの生命《いのち》を滅ぼす。

［『対訳ブレイク詩集』松島正一編／岩波書店／2004年より引用］

ブレイクは、バラよりも「野の花に天国を見つける」[4]ことを好んだのである。

ブレイクをはじめとする19世紀前半のロマン派の詩人の多くは自然からインスピレーションを得ていたため、庭で栽培されるバラをほめそやすことはなかった。多作のウィリアム・ワーズワース（1770〜1850年）の詩にもバラはほとんど出てこない。「雛菊に」では、バラを雛菊よりも好ましくないものとして対比させている（バラは「詩人の寵児」で、雛菊は「自然の寵児」）。「薔薇は雨露《あめつゆ》の真珠を頭にちりばめて得意になるがよい」［『ワーズワース詩集』前川俊一訳／彌生書房／1977年より引用］。1806年、レスターシャー州の大邸宅コールオートンホールのホームファームに住んでいたワーズワースは、邸宅の所有者であるジョージ・バーモント卿が庭園を造るのを手伝ったときに、ヒマラヤスギを植える場所をこしらえるためにバラを切り落としたことを称賛する詩を書いたほどだ。

しかしバラの魅力はあまりにも大きく、無視することはできなかった。ロマン派の詩人、なかでもジョン・キーツ（1795〜1821年）にいたっては、バラの表現だけで一冊の本ができるかもしれない。「聖アグネスの前夜」にこんな一節がある。「ふと　ひとつの想いが　満開の薔薇のように閃《ひらめ》き、かれの顔を紅らめさせ、その痛んだ心臓に　深紅の興奮を引き起こした」［『キーツ全詩集第2巻』出口保夫訳／白鳳社より引用］。バラの持つはかなさは「つれなき美女」（1819年）ではこう表現される。「おまえの頬は　色香もあせた薔薇の花、うち萎《しお》れるのも　はや間近」［同3巻より引用］。また、「憂愁についてのうた」（1820年）では「憂愁の発作が降ってくるとき　朝の薔薇の上におまえの悲しみを満たすがよい」。そして、バラと「潮風の吹く砂丘の虹」や「群れをなすしゃくやくの花園」、そして「たぐいまれな瞳」をもつ恋人を関連づけている。そしてここでも、キーツはバラのはかなさを「死なねばならぬ——美とともに」という。バラは生命力とはかなさの両方を意味しているのだ［同3巻より引用］。

クリスティナ・ロセッティ（1830〜1894年）は「10月の庭」で「わたしの散りゆくバラにかこまれて嘆き、アルジャーノン・スウィンバーン（1837〜1900年）は「(ボッカチオのあとの）ふたつの夢」で「バラの棘にさわるのは危険」と気づく。パーシー・ビッシュ・シェリー（1792〜1822年）もまた、「あるひとに」［原題は Music, When Soft Voices Die（音楽は、やさしい声が死んでも）］でバラと死をむすびつけた。

バラは枯れたとて　バラの花びらは
恋人の寝床に敷かれる
あなたが去ったとて　あなたへの想いに
愛はやすらかにねむるであろう
［『シェリー詩集』上田和夫訳／彌生書房／1978年より引用］

「思い出」でシェリーは花を分類しているが、ここではひかえめな三色スミレが勝利をおさめている。

ユリは初夜の床に――
バラは既婚婦人の髪に――
スミレは乙女の亡骸に――
三色スミレは我が花に

バラは19世紀をとおして、童話を含め、あらゆる形式の文学に登場している。ハンス・クリスチャン・アンデルセン（1805～75年）のおとぎ話にもバラがよく出てくる。アンデルセンはバラが大好きだったという。「親指姫」（1835年）の小さな姫は、バラの花びらを掛けぶとんにした。「豚飼い王子」（1841年）で若者は皇帝の王女に、5年ごとにたった一輪だけ咲くバラの花を贈っ

ルイス・キャロル『不思議の国のアリス』（1865年）のジョン・テニエルによる挿絵。白いバラを赤く塗っている「トランプカードの庭師たち」

た。「不死鳥」（1850年）の鳥は、天上の楽園で最初に咲いたバラの花から生まれた。

児童文学における不朽のバラのイメージのひとつに、ルイス・キャロルの『不思議の国のアリス』（1865年）がある。アリスは3人の庭師がバラにペンキを塗っているところに出くわし、その理由を尋ねると、庭師のひとりがこう答える。「お嬢さん、じつはこれ、赤いバラの木にしなきゃいけなかったのに、まちがえて白いバラの木を植えちゃったんですよ。もし女王様に見つかったら、おれたちみんな首をはねられちまう」。結局、彼らはそうならずにすむわけだが、読んでいる子供たちがどきどきはらはらして悲鳴をあげるような場面だ。

ペルシアの伝承「バラとナイチンゲール」（ペルシア語でバラは「ゴルまたはグル」、ナイチンゲールは「ブルブル」）は、19世紀を特徴づけるロマンティックな主題である。この主題は、ペルシアを訪れたヨーロッパの旅行者たちの手記によって広く知られるようになった。画家で外交官でもあったロバート・カー・ポーターは、ペルシアの宮殿の庭園を訪れたときのことをこう記している。

> バラの存在を楽しめるのは、目と鼻だけではない。耳は、ナイチンゲールの群れの野性的で美しい鳴き声に魅了される。彼らの愛する花の開花にあわせて、さえずりの旋律とやわらかさが高まってくるようだ。この土地を訪れたよそ者は、自分がナイチンゲールとバラの故郷にいることを、しみじみと思い知らされる。[5]

バイロン卿（ジョージ・ゴードン・バイロン）の東方を舞台にした「アビドスの花嫁」（1813

年）では、伝統的な男女の役割が逆転して、男性がバラを、女性がナイチンゲールを象徴している。オスカー・ワイルドは短編集『幸福な王子』（1888年）にペルシアの昔話を取り入れ、19世紀末の読者に届けた。「ナイチンゲールとばら」の舞台はオックスフォード。若い学生が教授の娘に恋い焦がれる。赤いバラが見つからないといういおなじみのテーマ、心臓を刺して白いバラを赤く染めるナイチンゲール、想いをよせる人にふられる学生――いずれも、ワイルドがヴィクトリア朝社会の道徳的偽善とみなすことの隠喩になっている。ナイチンゲールだけが純愛を理解し、愛のために命をささげる。

ワイルドの戯曲『真面目が肝心』（1895年）には、セシリーが庭のバラを切ってアルジャーノンのボタン穴に差す場面で〈マレシャル・ニール〉という品種が登場する。これは1864年に作出された黄色のつるバラで、非常に人気が高く、庭師でなくても読者にはおなじみのバラだっただろう。ところがアルジャーノンは、そのバラを拒んでピンクのバラを求める。「だって、あなたはピンクのバラのようだからね、セシリー」。アルジャーノンは、あつかましさをセシリーにたしなめられる。

バラをロマンティックなシンボルから神秘的なシンボルに引き戻すことにもっとも貢献したのは、アイルランドの詩人ウィリアム・バトラー・イェーツだろう。ドイツの薔薇十字団［17世紀初頭のドイツから全欧に波及した神秘主義的思想を奉じる秘密結社］に魅せられたイェーツは、1888年にロンドンで創設された薔薇十字団の流れをくむ「黄金の夜明け団」に参加した。この秘密結社と文学をむすびつけたのは、イェーツだけではない。ゲーテの未完の物語詩「秘儀」が意味するものに

ルイーザ・ステュアート・コステロ『ペルシアの薔薇園 *The Rose Garden of Persia*』（1887年）。東方に魅せられた数多くのヴィクトリア朝作家の書物のひとつ。

江戸時代の浮世絵師、蹄斎北馬（ていさいほくば）（1771～1844年）の「薔薇 竹 小夜鳴き鳥」。昔話の雰囲気をよくとらえている。

ついては学術的な論争が交わされているが、彼の「バラを十字架にからませたのは誰か？」という言葉が薔薇十字団をさしていることはほぼまちがいない。

イェーツはバラを「西洋の命の花……アイルランドの象徴」と信じていた。[6] 20代にアイルランド独立闘争の活動家で女優のモード・ゴンと出会い、深く愛するようになったが受け入れてもらえず、イェーツは彼女へのかなわぬ愛と薔薇十字団への信仰に突き動かされ、バラを自分の詩の主要なテーマにした。それまでの数多くの人々と同様、バラはイェーツにとって大切なもの――愛する祖国アイルランド、愛してやまないのに手の届かないモード、そしてはるか高みにある神秘主義オカルト――を象徴する存在になった。

第1次世界大戦は、まだ消えていなかった中世の宮廷風恋愛の残響をかき消した。バラの世界もまた、変化した。第1次大戦と第2次大戦のあいだ、ロマンティックな古きよきバラは庭からほぼ消え去り、ハイブリッド・ティーやフロリバンダが取ってかわった。それでも作家や詩人のなかには、おそらく園芸家の多くが気にとめなかった薄れゆくイメージをしっかりと握りしめている人もいた。花――なかでもバラは、1925年に発表されたヴァージニア・ウルフの小説『ダロウェイ夫人』の主人公にとって重要な意味を持った。夫が彼女への愛を告げるため、胸にかかえたままロンドン市内を歩いて持ってきたのは、赤と白のバラの花束だった。妻に会ってもだいじな一言はとうとう彼の口から出てこなかったが、バラがその気持ちを代弁するのである。

D・H・ローレンスからジェイムズ・ジョイスにいたるまで、バラはけっして文学から遠ざかることはなかった。T・S・エリオットは詩集『四つの四重奏』に収録した「バーントノートン」

（1936年）で秘密の花園のイメージを用いている。これは1934年にエリオットが訪れた館――18世紀に焼け落ちたが再建された――についての詩で、「ロクス・アモエヌス」、すなわち「理想の楽園」という古くからの主題がこだまする。この詩にはさまざまな解釈があるが、底流にあるのは「バラの花咲く庭に続く　一度も開けられなかった扉」というなじみ深いイメージであり、『薔薇物語』と、そこで描かれた閉ざされた庭を思い起こさせる。

フロイトとユングの学説が世に広まりつつあった時期であることを考えると、20世紀の文学に登場するバラの多くは、エリザベス・ボウエンの小説『あの薔薇を見てよ』〔太田良子訳／ミネルヴァ書房／2004年〕に出てくる不穏な空気をまとったバラのように、当然、より深い心理学的な解釈にさらされる。その一方で、作家の好きな花だという理由だけでバラが作品に登場する場合もある。イタリアの作家ウンベルト・エーコは、ベストセラー『薔薇の名前』〔河島英昭訳／東京創元社／1990年〕のタイトルはきわめて公平につけた、と主張するのだ〔タイトル決定については諸説ある〕。

ときに、作中で述べるバラについて熟知している作家もいる。スコットランドの作家アリ・スミスの短編「見る人 *The beholder*」（2016年）では、語り手が自分の胸からバラが育っているのを見つける（詳細は作品を読んでいただきたい）。ありえないようなことが起きているにもかかわらず、そのバラが咲いたとき、語り手はそれがデビッド・オースチンのイングリッシュ・ローズ〈ヤング・リシダス〉（2008年）だとわかってよろこぶ。オースチンの目録には、〈ヤング・リシダス〉は「典型的なオールド・ローズの美しさをそなえた見事な赤紫の花」とある。このスミスの作品の原点は、スコットランド民謡の「バーバラ・アレン」だ。愛しあうふたりがこの世を去り、彼の墓には赤いバラが、彼女の墓にはイバラがのび、そのふたつが絡み合って恋人たちの完璧な愛の結び目をつくる。ここでも、バラは永遠の愛の象徴になっている。

この章の冒頭の話には後日談がある。エドワード・フィッツジェラルドの墓があるサフォーク州ボールジ村は、わたしの自宅からそう遠くないところにある。わたしは、ウマル・ハイヤームを称えるバラが植えられた場所を詣でに行きたいという気持ちに抗えなかった。村はずれの舗装されていない道に沿って続く私有地にあるその教会を見つけるまでには、だいぶ時間がかかった。片田舎の教会の墓地はサフォーク・ワイルドライフ・トラストによって管理されていたものの、雑草や野の花が腰の高さまで生い茂り、多くの墓石を覆い隠していた。そしてついに、枝葉を広げた大きな木々の陰の隠れた一角に、バラをかこう金網を見つけた。金網には記念のプレートが吊されていた。さらに草木を分け入って近づいてみると、プレートの向こう側に小枝の茂みが見えるではないか。いやいや、バラが植えられたのは120年も昔のことだ。しかも、うっそうと生い茂った木立の奥の荒れ果てた場所だ。バラの花が見られるとは期待できるはずがない。だがさらに近づいてみると、なにか色あざやかなものが視界に飛びこんできた。ペルシアのハイヤームの墓から運ばれ、キュー王立植物園で育てられたダマスクがそこに生えているとでもいうのか？　わたしは、甘い香りのダマスクのやわらかいピンク色の花弁を見たくてたまらなくなった。

ところが心底がっかりしたことに、咲いていた一輪の花は、黄色いバラだった。なぜ黄色いバラがここに？　誰かの気まぐれか、あるいは、バラが枯れていたのを見た地元の心優しい人がかかわりに植えたのだろうか。それにしても、なぜ黄色いバラを？　そのとき、クリスティナ・ロセッティの詩が心に浮かんだ——

わたしが死んでしまっても
やさしいきみよ
わたしのために悲しい歌をうたわないでください、
わたしの上にばらの花も
かげふかいいとすぎの木も植えないでください、
ただそこにはつゆにぬれる
みどりのわか草をしいてください、
そしてあなたが思いだすなら思いだして
わすれるならわすれてください

［『少年少女世界文学全集50　世界少年少女詩集　世界童謡集』「わたしが死んでしまっても」三井ふたばこ訳／講談社／1962年より引用］

第9章　バラと音楽・舞踊

リン・アンダーソンの大ヒット曲「ローズ・ガーデン」（１９７０年）、アイルランド民謡の「夏の名残のバラ」、ボビー・ヴィントンの「涙の紅《べに》バラ」（１９６２年）、ほかにも「ムーンライト・アンド・ローゼズ」「トゥー・ダズン・ローゼズ」「ゼア・イズ・ア・ローズ・オブ・スパニッシュ・ハーレム」……タイトルにバラが入った曲をあげるのは終わりのないゲームをするようなもので、その数は１９５０年代前半だけで４０００曲におよぶという。

だがバラを歌う歴史は、少なくとも吟遊詩人の時代にまでさかのぼる。１４８６年、ヘンリー７世の長男アーサーの誕生を祝って、吟遊詩人たちは「よろこばしかろう　われらが王子と　３つのバラを見て」と歌った。この３つのバラとは、ランカスター家の赤いバラ、ヨーク家の白いバラ、そして赤と白のバラを組み合わせた、両家の統合を象徴するテューダー家のバラである。しかしアーサーは１５０２年に天逝し、テューダー朝は第２王子のヘンリー（のちのヘンリー８世）が引き継ぐことになる。[1]

テューダー朝時代のバラッド「グリーンスリーブス」はヘンリー8世が恋人アン・ブーリンのためにつくったという伝説は誤りだが、ヘンリー8世が音楽に造詣が深かったことはまちがいない。1515年頃、のちにチチェスターの主教となったリチャード・サンプソンは、ヨーク家とランカスター家の統合を祝ってバスふたりとカウンターテナーふたりが歌う永久カノンを作曲した。今日、輪唱と呼ばれるのはこのカノンの一種である。創造力豊かに、文字どおり円形《ラウンド》の五線譜に書かれたこの輪唱《ラウンド》の楽譜には、中央に一輪のバラの花とつぼみが描かれている。

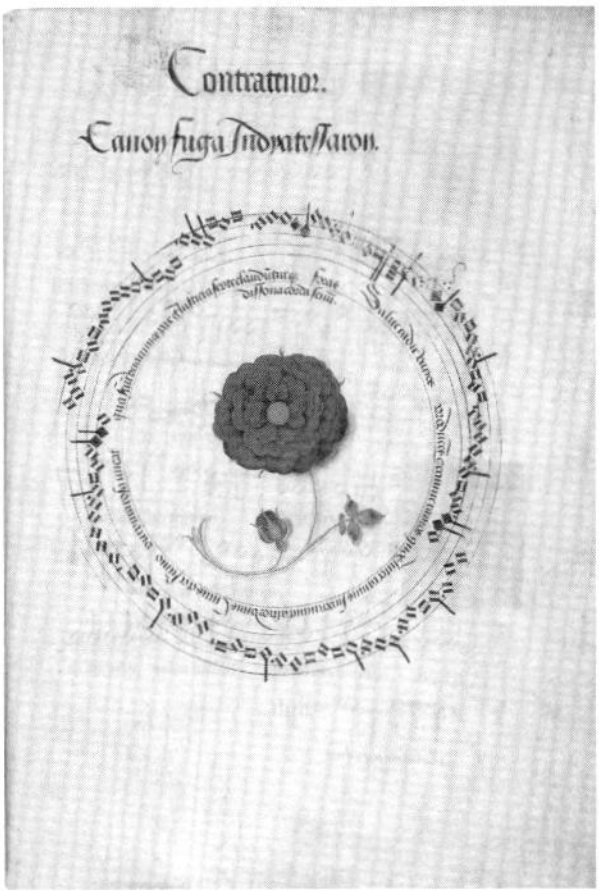

ヘンリー8世を称えるカノン（輪唱）の楽譜。『モテット』（1516年）より。

　愛やロマンスと切っても切り離せない関係にあることから、バラは歌詞の世界でもつねに人気のあるテーマだ。トーマス・ムーアの詩「夏の名残のバラ」は、歌詞として不朽の名声を得た（ロバート・バーンズの「赤い、赤いバラ」とアルフレッド・テニスンの「庭においで、モード」については第8章ですでにふれた）。「バラの花輪」が出てくる古いイギリス歌曲「君が眼にて酒を汲めよ」は、ベン・ジョンソンの詩「シーリアにおくる歌」（1616年）が使われている。この曲の第2番はあまり歌われないが、「あなたに贈ったバラの花輪がわたしの手元に戻ってきたら、それはバラの香りではなく、あなたの香りがするでしょう」という歌詞がついている。

　バラはまた、19世紀のロマン派クラシック音楽の一角を占める。1815年、フランツ・

ゲーテの詩に着想したシューベルトの歌曲「野ばら」（1815年）

シューベルトは、少年の野ばらへのむくわれぬ恋をよんだゲーテの詩「野ばら」（１７８９年）に曲をつけ、それはシューベルトの代表的な歌曲のひとつになった「１８１５年作曲」。ヴィンチェンツォ・ベッリーニの「お行き、幸運なバラよ」（１８２９年）はナポリの感傷的な——ときにはほろ苦い——恋歌の先駆けとなり、その数々がバラを歌っている。ワルツ王ヨハン・シュトラウス２世の代表作のひとつに、「南国のバラ」（１８８０年）がある。これは１９８２年の映画『ソフィーの選択』をはじめとして、『スタートレック』や、家庭用ゲーム機のプレイステーションにも使われている。「南国のバラ」が発表された４年後の１８８４年、ガブリエル・フォーレは、友人の詩人ルコント・ド・リールの「イスファファン」に曲をつけた。

　イスファハン（またはエスファハーン）はペルシア最古のバラ栽培都市のひとつである。ド・リールの詩は、古代ギリシアの詩人アナクレオンの頌歌《オード》「バラ」から着想を得てつくられた。ペルシアとバラの主題は、イギリスの作曲家アーサー・サリヴァンの晩年のオペレッタ『ペルシアの薔薇』（1899年）でも取りあげられた。脚本はサリヴァンといつもコンビを組んでいたW・S・ギルバートではなく、バジル・フッドが手がけた。『ペルシアの薔薇』は好評を博したが短期間で閉幕し、その後アメリカで上演された。

1900年代の前半、ニューヨーク市マンハッタンにティン・パン・アレー［軽音楽の出版社が集まり発信地となった地域の呼称］が誕生し、バラにちなんだ歌が数多く生まれた。もっとも有名な曲のひとつ「テキサスの黄色いバラ」は、バラではなく、メキシコ領だったテキサスの分離独立運動（1835〜36年）に巻きこまれた混血の少女エミリー・ウエストについて歌ったものだ。人種差別的な含みのある歌詞は数十年のあいだに書きかえられ、カントリーソングとして今も人気が高い。

やがて映画館がミュージックホールに取ってかわり、当時の流行歌のほとんどは埋もれてしまったが、歌い継がれた曲もいくつかある。1916年にイギリスで発表された「ピカルディのバラ」（フレデリック・ウェザリー作詞／ハイドン・ウッド作曲）は、第1次世界大戦（1914〜18年）と切り離せない歌である。この歌はその後、イタリア系アメリカ人歌手マリオ・ランツァによってカバーされた。またランツァは、アルバム『ザ・ヴァガボンド・キング』で、聴く者の胸を揺さぶるデュオ曲「オンリー・ア・ローズ」（1959年）を歌った。

どの世代にもそれぞれの流行歌があり、同名タイトルの曲がいくつも存在するため、多少の混乱も生まれた。ペリー・コモは1948年に「ランブリング・ローズ」を発表したが、多くの人の記

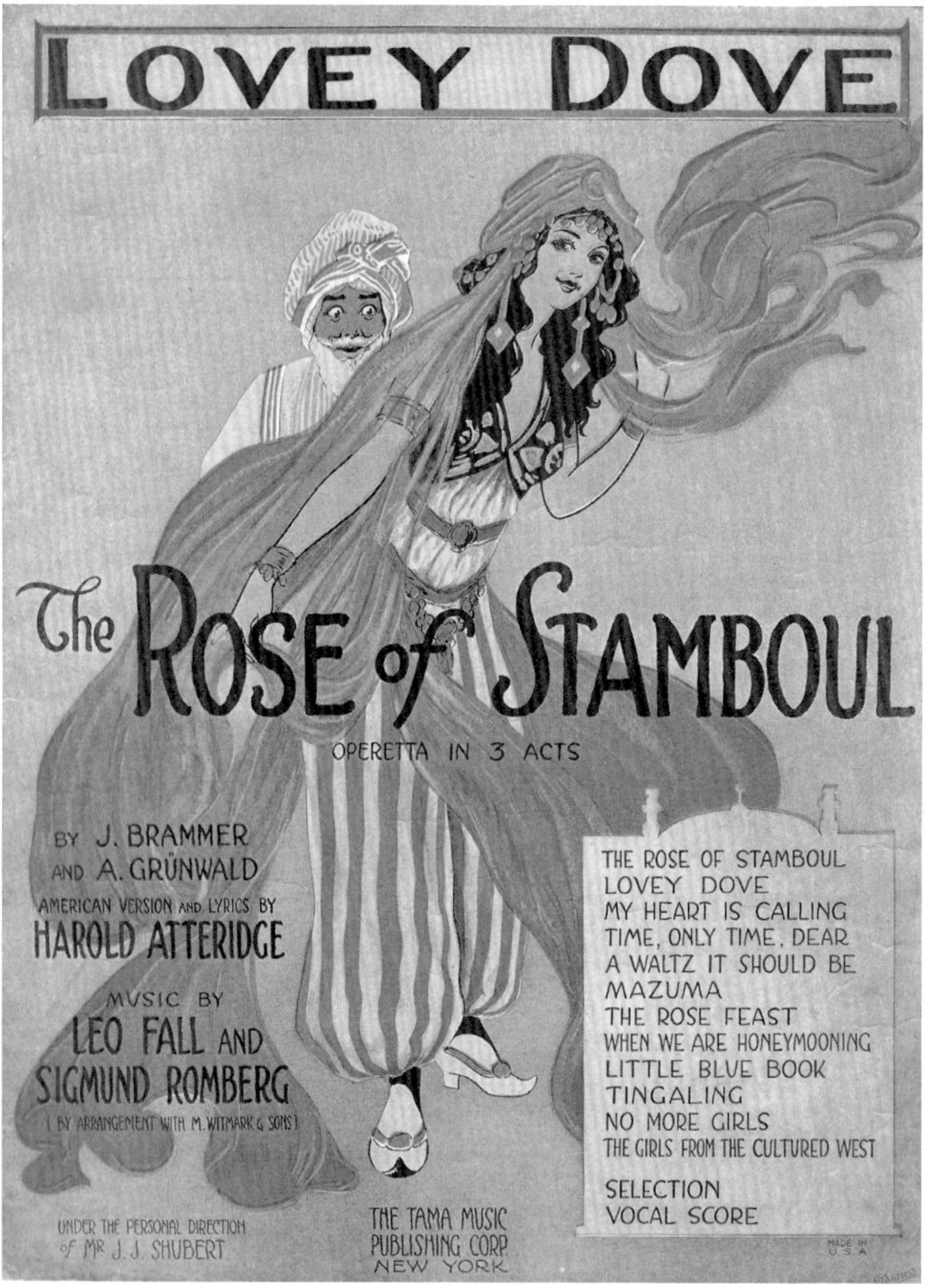

レオ・ファル／シグマンド・ロンバーグのオペレッタ『イスタンブルのバラ』（1916年）の楽譜の表紙

リヒャルト・シュトラウスのオペラ『ばらの騎士』（1911年）でオクタヴィアンがゾフィーにバラを贈る場面

憶に残っているのは、1962年にシャーマン兄弟が作詞作曲し、ナット・キング・コールが歌った「ランブリング・ローズ」だろう。1980年代以降は感傷的な音楽は時代遅れになり、バラは曲名や歌詞のみならず、ヘビーメタルやインディーズ系のバンド名――ガンズ・アンド・ローゼズやザ・ストーンローゼズなど――に使われるようになった。

オペレッタに花を取り入れたのはアーサー・サリヴァンだけではない。レオ・ファルとシグマンド・ロンバーグは『イスタンブルのバラ』（1916年）をつくり、エドワード・ジャーマンの『メリー・イングランド』（1902年）の歌曲では、エリザベス1世が「イングランドのバラ」と表現されている。だが、リヒャルト・シュトラウスの喜歌劇『ばらの騎士』（1911年）ほど、いまなお不動の人気を誇っている作品はほかにないだろう。1740年代のウィーンを舞台にしたこの歌劇は、元帥夫人、オックス男爵（元帥夫人のいとこ）、ゾフィー・フォン・ファーニナル（新興貴族の娘）、オクタヴィアン・ロフラーノ伯爵（元帥夫人の愛人）の4人が主要な登場人物である。

オクタヴィアンはメゾソプラノの女性歌手が演じる男役で、女装してオックス男爵をだまし、モーツァルトのオペラ『フィガロの結婚』のケルビーノと同じように混乱を巻き起こす。だが、「バラの使者」の役割を果たすときは正統な二枚目である。ゾフィーは、はるかに年上で野卑なオックス男爵と婚約している。若いオクタヴィアンは、オックス男爵の代理としてゾフィーに婚約のしるしの銀のバラを贈る使者に選ばれる。伝統的な白い衣装に身を包んだオクタヴィアンがゾフィーに銀のバラを手渡すと、ふたりは感動的なデュエットを歌い、たちまち恋に落ちる。その後、女たらしのオックス男爵を懲らしめようとオクタヴィアンが計略をめぐらせると警官までやってくる騒ぎとなり、よくある茶番劇を経て想定内のハッピーエンドを迎える。オックス男爵が宿屋の勘定書きを突きつけられて逃げだす一方、元帥夫人は年下のオクタヴィアンとの関係が終わったことを悟って、オクタヴィアンとゾフィーの愛が成就するようにみずから身を引く。

『ばらの騎士』が、バラを純愛ともいうべき伝統的な愛の象徴としてとらえているのに対して、その4か月後に初演されたバレエ『薔薇の精』では、主役のワスラフ・ニジンスキーが古代ローマ時代以降バラとは無縁だった官能性を表現した。テオフィール・ゴーティエの「わたしはゆうべの舞踏会であなたが胸につけていた薔薇の精……」という詩を題材に、ウェーバー作曲／ベルリオーズ編曲の『舞踏への招待』にミハイル・フォーキンが振り付けた『薔薇の精』は、わずか10分ほどの小品だ。1911年4月、モンテカルロ歌劇場でニジンスキーとタマラ・カルサーヴィナによって初演され、夏にはパリ・シャトレ座で上演された。

カルサーヴィナは優雅で美しかったが、観客の目当ては彼女ではなかった。彼らが観にきたのは、「たくさんのバラでも一輪のバラでもなく、バラの香気を身にまとって[2]」窓から舞いこんでくるニジンスキーだった。初めての舞踏会から帰ってきた少女は純白のドレスに身をつつみ、崇拝者から贈られた一輪のバラを手にしている。少女が眠りにつくとバラの精が現れ、彼女の夢に一場《いちじょう》の生命を与える。観客はニジンスキーの軽やかな跳躍に息をのんだ。ある観客は、「ニジンスキーの存在はニュートンを否定し、重力などないことをやすやすと証明してその主張を脅かす[3]」と後日述べている。最後、ニジンスキーは舞台を横切るように跳んで窓枠の外へ消え、その跳躍はバレエの歴史にきざまれた（けっして家で真似しないように）。

レオン・バクストがデザインしたニジンスキーの衣装も、この作品を強烈に印象づけた。カルサーヴィナの衣装は昔ながらの上品なロングドレスだが、ニジンスキーの体にはりつくような薄いシルクの衣装は、当時の基準では上品とはいいがたいものだった。露出の多いその衣装は、毎回、公演前にニジンスキーの身体にあわせて縫いつけられた。そして、バクストの指示でバラの花びらの飾りをあちこちに留めていく。上腕にバラの花びらをあしらった紐を巻き、やはりバラの花びらを散らした、頭にぴったりした帽子をかぶせる。バクストは薄いシルクを花びらの形に裁断し、ピンク、紫、赤、赤紫、薄紫に染めた。「しおれた花のようにぼろぼろのものもあれば、固くて張りのあるものも、太腿をやわらかく縁取るものもあった[4]」。ニジンスキーのメイクも、バラをモチーフにしていた。「彼の顔は天上を舞う昆虫のようで、眉はバラの奥深くにひそむ美しい虫を思わせる。そ

ミハイル・フォーキン振付『薔薇の精』（1911年）のワスラフ・ニジンスキー。衣裳はレオン・バクスト。露出の多い官能的なデザインである。

『パ・ド・カトル』（1845年）のリトグラフ。中央がマリー・タリオーニ。ふんわりとしたロマンティック・チュチュの胸にバラがついている。

チャイコフスキー三大バレエのひとつ『眠れる森の美女』を踊るマーゴ・フォンテイン（オーロラ姫）とマイケル・サムズ（王子）。1955年。

して唇はバラの花びらのようだった」[5]

女性ファンはニジンスキーの情熱的な踊りに熱狂した。だが、彼女たちはニジンスキーの息をのむような跳躍だけを観にきたわけではなかった。毎晩、ニジンスキーの衣装からバラの花びらがなくなり、毎回新調しなければならないことを不思議に思っていた衣装係は、やがてその理由に気づいた。衣装係のアシスタントのひとり、ヴァシリー・ズイコフが、衣装から花びらを切り取ってパリのニジンスキー・ファンたちに売りさばいていたのである。伝えられるところによると、ズイコフはその稼ぎで、同僚たちに「薔薇の精の城」と呼ばれた家を購入したという。[6]

ニジンスキーの『薔薇の精』は、男性のバレエダンサーが主役になった初めての舞台だった。それ以前のバレエでは、『ラ・シルフィード』（１８３２年）のように、バラの花をあしらった薄手の衣裳をつけたバレリーナたちが軽やかに踊るのがせいぜいだった。初めてポワント（つま先立ち）で踊ったのは、イタリア人の父とスウェーデン人の母のあいだに生まれたマリー・タリオーニ（１８０４～１８８４年）だといわれる。タリオーニが『ラ・シルフィード』でその技巧を示して以来、バレエの作品ではかならずといっていいほど、ポワントで踊るバレリーナの群舞が取り入れられるようになった。

クラシック・バレエにおいてチャイコフスキー音楽の『眠れる森の美女』（１８９０年）の「ローズ・アダージオ」は、バレリーナの最高難度の技術が求められる場面である。『眠れる森の美女』のオーロラ姫は、イギリスの名花マーゴ・フォンテイン（１９１９～91年）の当たり役だ。姫の16歳の誕生を祝う宴の場面で踊られる「ローズ・アダージオ」で、オーロラは４人の求婚者からバラを受けとる。しかし彼らはサポート役にすぎない。観客は永遠に続くかのように思える長い時間、オーロラがつま先で立ち、もう一方の脚を上げたまま回りながら、求婚者たちが順番に彼女の手を取り、バラを渡すようすを見つめ続ける。彼らが愛の証として捧げるバラから、オーロラを１００年の眠りから目覚めさせるために王子が訪れる城を覆うイバラのつるにいたるまで、このもっともロマンティックなおとぎ話のなかで、バラはまちがいなく象徴的な地位を占めている。

こうしてバラは数えきれないほどの音楽をいろどってきたが、近年もうひとつのバラにまつわる感動的な逸話が生まれた。１９９７年9月6日、ウェストミンスター寺院でダイアナ妃の葬儀がおこなわれ、世界中で20億人の人々がテレビの前で見守ったといわれている。このとき、在りし日のダイアナ妃を偲んで、エルトン・ジョンが彼の代表曲のひとつを歌った。作詞を手がけたバーニー・トーピンはこの日のために歌詞を書き直し、タイトルの「キャンドル・イン・ザ・ウィンド」は「グッドバイ・イングランド・ローズ」となった。参列者と数十億人の視聴者は、「国民のプリンセス」としてだけでなく、「イギリスのバラ」としてのダイアナ妃に別れを告げた。

第10章 バラと美術

画家の才能にふれるたびに、こんなふうにカンヴァスに——もちろん紙であっても——花の絵が描けたらいいのにと思う。植物を描きたいという人間の欲求は、栽培したいという願望と同じくらい古くからあったらしい。クレタ島で出土した紀元前1600年頃の壺には、バラの紋様が描かれていた。古代ローマのディオスコリデス（40～90年頃）［ギリシア系の医者・薬理学者・植物学者］の大著『薬物誌』（50～70年頃）には、のちにバラを含めた植物の精密な図版がつけられ、後世の植物学者が何世紀にもわたって写本を作成した。しかし476年の西ローマ帝国崩壊から数世紀のあいだは、ヨーロッパにバラを描いた芸術作品が存在したことを示す証拠はほとんど確認されていない。

ヨーロッパの反対側にある中国では、紀元前1500年頃の夏王朝時代からバラを写実的に描いた絵があったという。それから時代は下がり、965年には花鳥画で活躍した黄筌《こうせん》によるチャイナ・ローズ〈オールド・ブラッシュ〉が描かれており、1000年頃にはおそらく八重のルゴサと思わ

中国人画家が繊細な筆致で描いた黄木香バラ（制作年不詳）。ロンドンの王立園芸協会リーヴズ・コレクションより。

れる絵を趙昌《ちょうしょう》が残している。9世紀初頭から12世紀なかばにかけての中国では、多くの画家が花や鳥を題材にバラのイメージをこのうえなく高めた。バラはペルシアやオスマン帝国の美術でも重要な役割を果たしており、タイルや絨毯といったイスラーム教の多くの装飾芸術に登場するが、そこに明確な宗教上の意味がこめられていたわけではない［イスラーム教ではバラはアッラーやムハンマドに関係しており、建物の浄化にバラ水も使われる］。イスラーム世界では、モスクのドーム天井をいろどる精緻なモザイク装飾を表現する際にも「バラ」という言葉が用いられる。

西洋では中世初期から、強い宗教性をおびた花が芸術作品にふたたび登場しはじめた。中世ヨーロッパの芸術品、建築物、石造物には、ユリやアイリスをしのぐほどの頻度でバラが用いられた。とくに有名なのが教会のバラ窓である。バラ窓が登場した12世紀には、バラはすでに聖母マリアと関連づけられていた。バラ窓はスペイン、ドイツ、イタリア、イギリスでもつくられているが、もっとも数が多いのがフランスで、シャルトル大聖堂（1216〜26年）、パリのノートルダム大聖堂（1220年頃）、ランスのノートルダム大聖堂（1270年頃）のバラ窓といった傑作を含め、ほとんどがパリとその周辺に集まっている。のちにゴシック建築と呼ばれる様式が一気に花開いた時代だった。

着色した色ガラス、すなわちステンドグラスを「花びら」の内部にちりばめた荘厳な光景は、外から差しこむ日の光と相まって、バラ窓を初めて目にする礼拝者たちを幻惑させたことだろう。サン＝ドニ大修道院長を務め、最初のゴシック建築とされるサン＝ドニ大聖堂（当時は大修道院教会堂）を建築して献堂したシュジェールは、1144年に完成した堂内に初めて足を踏み入れたとき

アミアンのノートルダム大聖堂のバラ窓（14世紀製造）。礼拝する人々の目を眩ませるように設計されている。

に、「地上の俗にも、天上の聖にもまったく存在しない、宇宙の不思議な領域」[1]に運ばれたように感じたという。だが最終的には、ルネサンスの到来とともにバラ窓はゴシック様式のほかの建造物とともに姿を消し、「12世紀に芽ばえ、13世紀に花開き、14世紀と15世紀の炎で焼き尽くされた」[2]

　対照的に、15世紀を迎える頃には、聖母マリアを描いた絵画に頻繁にバラが登場するようになった。そこに、どのバラがどのように育てられたのかを知る手がかりがある。ステファノ・ダ・ゼビオの「バラ園の聖母」（1435年頃）では、聖母子を取りかこむ格子垣にバラが爛漫と咲きほこっており、現在それは白とピンクの八重のアルバと特定されている。ここに描かれたバラはさまざまな象徴性をはらんでいる。たとえば、格子垣は閉ざされた庭《ホルトゥス・コンクルースス》をあらわし、旧約聖書の「雅歌」

サンドロ・ボッティチェリ「春（プリマヴェーラ）」（1481～82年頃）。バラはフローラ（春の女神）の左腕に抱えられている。

の「わたしの妹、花嫁は、閉ざされた園」（第4章12節）という一節も思い起こさせる。

この絵を目にする現代人は、ところどころで暗赤色の一重のガリカとおぼしきバラが咲いていることに気づくかもしれない。この時期の作品に描かれることはほとんどないのだが、当時の教養人であれば、通常とは異なる花弁の色を読み解いてキリストの血を連想することができただろう。無垢や純潔と関連づけられるアルバは絵画ではおなじみの題材で、ベルナルディーノ・ルイーニの「バラ園の聖母」（1510年）のような主題だけでなく、バラには不似合いな戦闘場面を描いたパオロ・ウッチェロ作「サン・ロマーノの戦い」（1438～40年）にも描かれている。

この時代のもっとも有名なバラの絵といえば、ボッティチェリの「ヴィーナスの誕生」（1483～85年）である。水中から出現したヴィーナスの周囲には、若枝に咲いたアルバ（おそらく〈メイデンズ・

ブラッシュ〉）や葉が舞っている。また、ガリカが描かれるのはまれとはいえ、やはりボッティチェリの「春（プリマヴェーラ）」（1481～82年）で花の女神《フローラ》へ倒れかかるニンフの口からこぼれ落ちる写実的なもののように、折りにふれて姿を見せるバラだ。デューラーの「バラの花輪の饗宴」は1506年に祭壇画として描かれた。同年にヴェネツィアでおこなわれたロザリオ信心会の承認を祝ったものと考えられており、淡いピンクのバラの花輪を手にした丸々とした智天使《ケルビム》たちが描かれている。

ごくかぎられた階層ではあったが、装飾写本のおかげで、祈禱書を開くたびにバラを目にする機会に恵まれていた人々もいる。カスティーリャ女王イサベル1世の典礼用詩編だった「イザベルの聖務日課書」（1490～97年）には、自邸の庭で祈りを捧げる白衣の女性を描いた頁があり、彼女は赤いバラにかこまれている［聖務日課書はカトリックの聖職者や修道士が用いる祈禱書で、イサベルは熱心なカトリック保護者だったため特別に作製されたと考えられる］。文章と挿絵を縁取るのは優美な白バラで、つぼみのもの、満開のもの、蝶や毛虫が茎にとまっているものもある。1500年から1515年にかけて製作された時禱書（個人使用の祈禱書）の冒頭の頁には、さらに多くの蜂や蝶がとまった赤いバラが描かれている。テューダー朝時代の貴族、とくに女性たちの多くはそれぞれに稀少価値の高い本を所有しており、バラはそこに描かれた挿絵にもっとも多く使われた花のひとつだった。

16世紀なかばには、宗教上と植物学上の表現が区別されるようになり、薬草を描いた医療用の植物図譜がつくられた。その大部分は木版画であり、装飾写本よりもはるかに安価で、はるかに信頼性の高い再現が可能だった。もっともよく知られているもののひとつが、1542年に刊行されたレオンハルト・フックスの『植物誌』（『新植物誌』ともいう）である。その内容は1世紀から伝わるディオスコリデスの写本にもとづくものだったが、フックスの図版は、1597年にジョン・ジェラードが出版した『本草書』と同じく、その後の植物学研究の基準となった。しかしその木版画も、銅版画や彫金の技術の進歩にともない徐々に姿を消していく。

赤と白のテューダー・ローズの象徴性からもわかるように、ヘンリー8世（1491〜1547年）と、その娘のエリザベス1世（1533〜1603年）の肖像画のほとんどにバラが登場する。バラを手にした絵もあるが、大体は衣装の刺繍模様として描かれている。エリザベス1世は手のこんだ衣装を好んだ。1587年には、「バラとスイカズラ模様の金布のガウン」[3]を着用したと伝えられている。エリザベスにとって、バラは王室の標章にとどまらないものだった。とくにエグランタイン（野バラの一種）は「処女の高潔さ」を象徴する花であり、それは当然ながら、処女王と呼ばれたエリザベス本人を連想させるものだったからである。

ニコラス・ヒリアードは弟子のローランド・ロッキーとともに、イギリス中部ダービーシャー州の邸宅ハードウィックホールでエリザベス1世の肖像画（1599年頃）を描いている。エリザベスはバラの宝石を身につけ、かたわらにバラを刺繍した椅子がある。襟のひだ飾りにはバラの生花が挿してあり、アンダースカートと胴着にもさまざまな動植物に混ざってバラの刺繍がほどこされている（ひょっとしたら生地に直接描いたのかもしれない）。エリザベスのドレスを製作したのはこの邸宅の主で、エリザベスと友人のような関係だった「ハードウィックのベス」といわれている。

彼女ほどの刺繍の名手であれば、この絵の2年前に出版されたジェラードの『本草書』を図柄の見本にしていた可能性もある。

この時期の肖像画のうち、もっとも想像力を刺激されるのが、ヒリアードの謎めいた細密画「バラのなかにたたずむ青年」（1585～95年頃）だろう。青年は、棘のある小さな白バラの枝にくるまれるようにして立っている。青年を抱くように枝を伸ばす白いバラは、一部のバラの愛好家が主張するロサ・アルウェンシスなのだろうか？　それとも、花弁の色が異なるにもかかわらず、多くの美術史家がその象徴性を理由に候補にあげるロサ・ルビギノサ（エグランタイン）だろうか？　エリザベス1世が甘い香りのするエグランタインに愛着を持っていたとすれば、この優美な細密画からはさらに多くの意味を読みとることが可能になり、絵画そのものが女王の情熱や恋心まで伝えるものに変容するのだ「この青年はエリザベス1世の寵臣エセックス伯といわれる」。

ニコラス・ヒリアード「バラのなかにたたずむ青年」（1585～95年頃）、細密画。

油絵に描かれる花は、宗派による違いと同様、国によってもそれぞれの特徴があった。プロテスタント国家のオランダは、17世紀を迎える頃には、富を誇示したがる商人階級を抱える経済大国になっていた。バラの人気は1630年代の「チューリップ熱」ほどには高まらなかったものの、オランダ人が得意とした花の絵画で強烈な存在感を放つ。ヤン・ブリューゲル（1568〜1625年）をはじめとするオランダとフランドルの画家たちは、リアリズムに徹した筆致で世界を驚嘆させた。ヤン・ファン・ハイスム（1682〜1749年）の花の絵はとくに評判を呼び、「本物そっくりで、カンヴァスから摘みとれるのではないかと思うほどだった」[4]

あふれんばかりに咲き誇る巨大な花束は、美術史家たちによって架空のものであることが立証されている。それぞれの花を個別に描いた習作や、ほかの絵を参照したりしながら組み合わせたのである。習作の場合、速さと正確さを重視して水彩絵の具を使うことが多かった。残念ながら、こうした水彩画はたいてい廃棄されてしまい、現存するものはほとんどない。また、命の短さやはかなさを——花びらが散ったバラや、虫喰いの穴や、虫そのもので——表現するヴァニタス画も数多く描かれた。ヤン・ダフィッツゾーン・デ・ヘーム（1606〜84年）は、死を想起させるこのジャンルの作品も得意とした。

オランダとフランドルの画家たちは定期的にロンドンを訪れていた。彼らの作品を目にして影響を受けたのか、イギリスの植物画家アレクサンダー・マーシャルも17世紀後半に『名花選 *Florilegium*』を編纂した際、花びらを散らしたオーストリアン・カッパー・ローズ（ロサ・フォエティダ・ビコロール）の絵でバラのはかなさを表現している。

ヤン・ダフィッツゾーン・デ・ヘーム「花瓶の花」(1655年頃)

アレクサンダー・マーシャル「デルフト焼の花瓶の花」（1663年）

こういった花の絵の多くは精妙に描かれていたので、題材になったバラの品種を特定しようとする試みが定期的におこなわれてきた。園芸家のグレアム・ステュアート・トーマスは、ヤン・ファン・ハイスムらの絵画作品にたびたび登場する大きな白バラはロサ・アルバ・マキシマだろうと結論づけた。またキャベッジ・ローズとも呼ばれるケンティフォリアが、ダマスクや赤のガリカとならんで、オランダ黄金時代の静物画後期の画家たちにもっとも好まれた品種だったことを立証している。

オーストリアン・カッパー・ローズは、花環の絵で有名なダニール・セーヘルス（1590～1661年）が好んだバラである。現在アムステルダム国立美術館が所有するラッヘル・ライス（1664～1750年）の絵にも描かれている。セーヘルスは花しか描かない異色の画家だったが、ライスも女性画家として異色の成功をおさめた。晩年まで活動を続ける一方、私生活では肖像画家のユリアン・ポールと結婚して10人の子供をもうけた。

18世紀を迎える頃にはバラの紋章的意味合いは薄れ、画家たちの主題は宗教から離れていった。バラは女らしさの象徴とみなされることがほとんどとなり、ときには官能性を示唆した。ジャン・オノレ・フラゴナール（1732～1806年）は、ルイ15世の愛妾《あいしょう》デュ・バリー夫人のためにバラのパネル画を連作で描き、フランソワ・ブーシェ（1703～1770年）は、自身のパトロンだったルイ15世の最愛の愛妾ポンパドゥール夫人をよろこばせるために自身の作品の数々にバラを描き入れている。

1730年、その6年前にロンドンで設立された園芸家協会によって、初の挿絵入りの植物図譜『植物目録 *Catalogus plantarum*』が製作された。図版を担当したのはヤン・ファン・ハイスムの弟のヤーコプで、1721年にロンドンに移住していた。ヤーコプの創作スタイルは兄と似ていたが、生活は兄よりも自堕落だった――おそらくは、それが原因でオランダを離れたのだろう。だとしても、ヤーコプは当時の人気品種だった数種類のバラを正確な筆致で魅力的に描いた。当時、〈オーストリアン・ローズ〉（ロサ・ガリカ・プミラ）、〈レッド・プロヴァンス・ローズ〉（ケンティフォリア）、〈ダブル・イエロー・ローズ〉（ヘミスファエリカ）と呼ばれていたバラなどである。

このあとすぐに、ゲオルク・ディオニシウス・エーレット（1708～1770年）という、もうひとりの才能あふれる若き植物画家がハイデルベルクからロンドンへやってきた。エーレットの作品中もっともよく知られているのは、ジョゼフ・バンクスをはじめとするプラントハンターたちがイギリスに持ち帰った新種の「外来種」を題材にしたものや、収集家のために描いたものだ。とくに熱心だったのがポートランド公爵夫人マーガレット・キャヴェンディッシュ＝ベンティンク（1715～85年）で、ポートランド・ローズは彼女にちなんで命名されたと考えられている。エーレットはバラの絵の第一人者と目されるようになる。ただひとり、彼をしのぐ技量を見せたのが、ピエール＝ジョゼフ・ルドゥーテである。

ルドゥーテはベルギーのアルデンヌ地方で生まれた。パリに移ってから出会った師のひとりが、1780年にパリ植物園の植物画教授に任命されたオランダ人ヘラルド・ファン・スペンドンクである。ファン・スペンドンクもルドゥーテ本人もヤン・ファン・ハイスムの影響を強く受けており、植物としての花を細部にいたるまで忠実に描いた豪華な作品を制作している。

ルドゥーテの代表作『バラ図譜』は、1817年から1824年のあいだに3巻にわけて出版された。伝えられるところによると、ルドゥーテはかつてのパトロンだったナポレオン妃ジョゼフィーヌと距離を置くという賢明な道を選んだはずなのだが、彼が描いたロサ・ベルベリフォリアは「数年前にマルメゾン城の庭園で生き生きと咲いていた花」[5]だと述べたという。バラの花はいくつもの異なる庭園で描かれ、特定のコレクションを描写するために選定されており、当時のフランスで入手できる品種をすべて記録することも目的とした。

自分の絵のほかに、ルドゥーテは先人の作品に関する詳細な目録も付け加えた。そのうちの一冊、イギリスの画家メアリ・ローレンスの『野生のバラのコレクション *A Collection of Roses from Nature*』

ロサ・ダマスケナ（ヨーク・アンド・ランカスター）。メアリ・ローレンス『野生のバラのコレクション』（1796年）より。もっとも稀少なバラ本のひとつ。

（1796～99年）は、いまや世界でもっとも稀少価値の高いバラ図集のひとつだ。ほかに、ヘンリー・チャールズ・アンドルーズの『バラ、もしくはバラ属についての研究 *Roses; or, A monograph of the genus rosa*』（1805年）もあげられている。アンドルーズは、ジョゼフィーヌ皇后にイギリスのバラを提供していた種苗商ジョン・ケネディの娘と結婚したので、画題とする植物の入手には困らなかったに違いない。ルドゥーテは1840年に亡くなるまで順調にキャリアを積んだものの、その後の作品には『バラ図譜』を超えるものはなく、この本がルドゥーテの最高傑作といってよいだろう。

18世紀は絹織物業の最盛期でもあった。ロンドン東部スピタルフィールズの絹織物デザイナーだったアンナ・マリア・ガースウェイト（1688～1753年）は、流行の先端をいく宮廷用ドレスのための、はなやかで写実的な模様の生地をデザインした。また、男性用のベストに凝った花柄の刺繍をほどこすという試みもおこなっている。ちなみに顧客に名を連ねていたマーサ・ダンドリッジは、1759年にジョージ・ワシントンと結婚してアメリカ初のファーストレディになった。一方、イタリアでは「メッツァーロ」（語源はベールを意味するアラビア語のミザール）が人気だった。これは貴族の女性がはおったインド風の肩掛けで、主要なモチーフである生命の木や縁取りにバラをあしらったものだ。

バラは刺繍の図柄としても人気があった。この分野でもっとも卓越した技能を持っていた愛好家のひとりが、メアリ・ディレイニーである。ディレイニーといえば大英博物館所蔵のきわめて繊細な花の紙細工で知られているが、彼女は針仕事でも驚くほどの才能に恵まれていた。1759年、ディレイニーは妹に宛てた手紙のなかで、シェニール織の椅子カバーに刺繍をする方法について書いている。「わたしの模様〔は〕〝樫の枝とありとあらゆる種類のバラ〟の縁飾りです。思いつくまま、型紙を使わずに刺しています」[6]。ディレイニーは、ほとんどの女性が刺繍や絵の技巧を習得するために使っていた図案を使わずに作業できる稀有な女性だった。18世紀と19世紀には、植物画を描くことは女性の重要なたしなみと考えられていたので、若い女性たちは、すぐれた植物画家ジェームズ・サワビーの『自然な花を描くための簡単入門 *An Easy Introduction to Drawing Flowers According to Nature*』（1789年）など、「段階的に学ぶ」本に親しんでいたと思われる。

上流階級の若い淑女たちがサワビーの本でバラの描き方を学ぶ一方で、新たな画家たちが、もっとのびやかなロマンティックな画風の作品で名声を得るようになっていた。アンリ＝ファンタン＝ラトゥール（1836～1904年）といえば官能的なティー・ローズの描写で有名になった画家であり、「彼の色彩は、花びらの向こうから光が差しこんでくるような輝きを放っていた」[7]。彼は

アンリ・ファンタン＝ラトゥール「バラの花（花冠）」（1864年）

死後何年もたってから、〈ファンタン＝ラトゥール〉というカップ咲きのピンクのバラで偲ばれることになる。1930年代にエドワード・バンヤードが発見して、1945年にグレアム・スチュアート・トーマスのヒリング社から紹介されたこの偶発実生《みしょう》［偶然に発見された、すぐれた形質を持つ実生］はケンティフォリアのように見えるが、現代の半つる性（シュラブ）に分類されている。

ヴィクトリア朝のイギリスで描かれた花の絵は、ちょっと気取ったものからドラマティックなものまで多岐にわたっていた。後者の典型的な例が、ウェストミンスター宮殿を飾るためにヘンリー・A・ペインに委嘱されたフレスコ画「テンプル法学院の庭園で赤と白のバラを選ぶ」（1910年）である。ローレンス・アルマ＝タデマの絵

ヘンリー・A・ペイン「テンプル法学院の庭園で赤と白のバラを選ぶ」(1910年)。シェイクスピアが『ヘンリー6世』で描いたバラ戦争の一場面。ウェストミンスター宮殿所蔵。

ローレンス・アルマ＝タデマ「ヘリオガバルスの薔薇」(1888年)。南フランスから定期的に取り寄せたバラを観察して花びらを再現した。

も同様で、「ヘリオガバルスの薔薇」(1888年)では作中の人物たちに何千枚ものバラの花びらを浴びせ、「夏の供物」(1911年)ではピンクと白の花束を持たせている。古代ローマ人の日常生活を描いたアルマ＝タデマは、「ハリウッドにひらめきを与えた画家」として評判を呼んだ。

わたし自身がたしかにそのとおりだと実感したのは、2017年にロンドンで開催された展覧会でアルマ＝タデマの絵を見たときだった。彼の絵の構図が、セシル・B・デミル監督の『十戒』(1956年)、リドリー・スコット監督の『グラディエーター』(2000年)といった映画のスチル写真と比較されていたのだ。ただし、アルマ＝タデマが亡くなる1年前の1911年に、フランスの映画製作者ルイ・フィヤードも、自身の短編映画『ローマの大饗宴』(1911年)は「ヘリオガバルスの薔薇」に着想を得たものだと語っている――モノクロ映画の時代だったので花びらの多様なピンク色は再現できなかったが。

バラはアルマ＝タデマの歴史画の3分の1以上の作品に描かれている。わたしは、「ヘリオガバルスの薔薇」が永住の地メキシコの収集家ペレス・シモンのもとへ返却される前に運良くロンドンで目にすることができた。ローレンス・アルマ＝タデマはこの絵に取り組んでいる最中、週に一度南フランスから送られてくるいくつものバラの花籠を4か月にわたって受け取り、つねに新鮮な瞬間をとらえることができるように努力した。その甲斐あって、それぞれの花びらだけでなく、茎がついたつぼみや花全体の正確な描写が可能になったのだが、残念ながら、無数に出まわっている複製絵画ではそれを識別するのはむずかしい。

アルマ＝タデマが加入していた芸術家集団ブロードウェイ・グループは、メンバーのアルフレッド・パーソンズ（1847～1920年）の自宅に集まることが多かった。パーソンズもバラの絵を描いたが、その作風は、人によっては甘すぎる砂糖菓子と呼びそうなアルマ＝タデマの作品とはまったく異なるものだった。19世紀末を代表する水彩画家だったパーソンズは、裕福な女性園芸家エレン・ウィルモットに紹介される。園芸に惜しみなく私財を投じていたウィルモットは、パーソンズに自著『バラ属 *The Genus Rosa*』の挿絵を描くように依頼した。この本は、その時点で知られているすべての――交配種や栽培品種を除く――バラの品種を取り上げることを目的としていた。徹底的に議論を重ねながら、パーソンズは1901年までに40の挿絵を描き終えたが、本が出版されたのは1914年、こうした高価な本を出版するにはふさわしくない時期だった。今でこそコレクターズ・アイテムとして収集家の垂涎《すいぜん》の的《まと》になっているものの、1920年の時点では1000部刷ったうちの4分の1しか売れていなかった。ウィルモットは30歳のときに莫大な資産を相続し

ジョージア・オキーフ「バラ」(1957年)

ていたが、出版と園芸に捧げた情熱——エセックス州のワーレイ・プレイスの邸宅では104人の庭師を雇っていた——が、結果的に彼女を破産に追いやることになる。

20世紀にさしかかると写実的なバラの絵は時代遅れになり、アール・ヌーヴォーの様式化された描写方法と、フランスのエミール・ガレやニューヨークのルイス・カムフォート・ティファニーなどのガラス工芸家の作品に取ってかわられた。何年か過ぎると、おそらくは郊外のどの庭園でもハイブリッド・ティーやフロリバンダが育つようになったことが原因で、バラは芸術家にも人気がなくなってしまうが、シュールレアリズムのルネ・マグリットは、いかにも彼らしい謎に満ちた「パンドラの箱」(1951年)で白い大きなバラを描き、ジョージア・オキーフ(1887〜1986

「モス・ローズ」(1945年)は、ウェッジウッドでもっとも人気があった名作デザインのひとつ。

年)は咲き誇る花を拡大して描く独特の画風でバラの絵に新風を吹きこんだ。このスタイルは、サイ・トゥオンブリーの「バラ」(2008年)や、ロバート・メイプルソープの印象的な白黒の実験的写真に受け継がれている。

とはいえ、家庭からバラの花が姿を消すことはなかった。18世紀から、ボウ、チェルシー、ダービー、ローストフト、スポードなどのイギリスの陶磁器メーカーにとって、バラは顧客にもっとも人気のある定番柄のひとつだった。ローストフトの磁器には、グレアム・トーマスを彷彿とさせるトーマス・ローズというバラ模様がほどこされた。ヨーロッパ大陸でも、マイセンやニンフェンブルクが数多くのバラ模様を発表した。この伝統は今も続いている。稀少性の高いコレクターズ・アイテムのなかに、スージー・クーパーが1950年代にデザインした「ピンク・パトリシア・ローズ」のシリーズがある。

ウェッジウッドで人気の高い「ハザウェイ・ローズ」は、１９４５年の「モス・ローズ」シリーズの後継製品として１９７０年代に販売が開始されたものだ。モス・ローズは、１６９９年にドイツの園芸書で初めて紹介されたバラだが、広く知られるようになるのは19世紀初頭になってからで、生地や陶磁器のデザイナーたちが好んで用いるようになった。わたしの両親は、１９５０年代に結婚した際、自分たちのウエディングリストにウェッジウッドの名作「モス・ローズ」のディナー用食器セットを嬉々として入れたという。

19世紀後半にはじまった美術工芸運動（アーツ・アンド・クラフツ運動）でウィリアム・モリスがデザインした「スイートブライアー」という生地模様は、彼がグリム童話の「いばら姫」に魅了されたことがきっかけで誕生した。モリスは、野バラのように素朴で自然な風情のバラが好みだと公言し、19世紀後半に紹介されたいくつかの品種を「中くらいのサボイキャベツかと思うくらい大きい」[8]と却下している（にもかかわらず、モリスは、自身で設立したケルムスコット・プレスで出版したチョーサーの１８９６年版『中世英語版　薔薇物語』の挿絵にキャベッジ・ローズを使った）。

モリスの織物デザインは古典的名作となり、現代でも人気があるが、花柄模様のブームが最高潮に達したのは１９８０年代のことだ。当時は、すべての家のリビングルームにキャベッジ・ローズ柄のカーテンが掛かり、ルドゥーテ・ローズの壁紙が貼られ、訪問客の誰もがロイヤル・アルバートの「モス・ローズ」のティーカップでお茶をふるまわれるのではないかと思うほどだった。しかしハイブリッド・ティーやフロリバンダが流行のバラではなくなったように、インテリア・デザイナーたちもＩＫＥＡの広告さながらに「小花柄を家から追い出した」のである。

第11章　花束・花びら・香水

バレンタインデーがやってくると、世界中で何百万本もの赤いバラが愛しい人に捧げられる。そこにこめられたメッセージ――「アイ・ラブ・ユー」――に疑念の余地はなく、わざわざ言葉にする必要はない。でも、その花束に白いバラやダマスク・ローズがまざっていたらどうだろう？　まさかとは思うが、黄色いバラがはいっていたら？　受け取った相手に想いが伝わるだろうか？　花言葉――花を使って伝えられるメッセージ――は、現代を生きるわたしたちには縁遠いものになった。だが、19世紀の大半の時期を過ごした中流階級の若い女性たちだったら、崇拝者からの贈り物の意味を解読するための「辞書」を持っていたかもしれない。白いバラは「わたしはあなたにふさわしい」、ダマスクは「得がたい美」という賛辞、胸をざわつかせる黄色いバラには浮気心を責める気持ちがこめられているとわかっただろう。[1]

何世紀にもわたり、花にはそれぞれの意味があった――『ハムレット』でオフィーリアが「これがローズマリー、わたしを忘れないように」というのを聞いても驚く者はいない。１７６３年、著

「10月　ティー・ローズ　誠実、無垢」『花言葉』の挿絵より。12か月それぞれの月が花と情緒に関連づけられている。

述家のレディ・メアリー・ウォートリー・モンタギューは、トルコの女性たちはすべての花に韻文で意味を持たせていると書いた。もっとも詳細に体系化されたものは「シャーロット・ド・ラトゥール」という筆名で活動していたフランスのルイーズ・コルタンベールがまとめた本で、1819年に『花言葉 *Le Langage des Fleurs*』という題名で出版された。イギリスでは1825年にヘンリー・フィリップスが『花の寓意 *Floral Emblems*』を出版したが、20世紀初頭には早くも流行がすたれてしまう。

だがけっして下火にならなかったのは、それが切り花であろうと、化粧台に置く瓶入り香水であろうと、バラを自宅に持ちこみたいという欲求だった。園芸家のガートルード・ジーキルが語っているように、「自宅の庭で育てたいと思うバラであれば、切り花の状態であってもよろこびを与えてくれる」ものだ。ただし彼女はこう付け加えている。「切ったバラの唯一の欠点は、花が長持ちしないことだ[2]」。しかしこれは裕福な人々には問題にならない。ティー・ローズの熱烈なコレクターとして知られるロスチャイルド家は、1878年に開かれた家族の結婚式のために、自分たちが所有する温室で3000本のバラを育てた。19世紀後半に、そこまで裕福ではない家庭にハイブリッド・ティーが人気になった理由は、花瓶に生ければ数日間は咲き続けてくれる花持ちのよさだった。その性質のおかげで、ハイブリッド・ティーは世界でもっとも人気の高い切り花になったのである。

花屋を営んでいたコンスタンス・スプライはアレンジメント用にオールド・ローズを育てていたが、彼女がバラを切ることができたのは一年のうちの数週間だけだった。現在はいつでもバラの花を買うことができる。それを可能にした要因は3つ。つまり、安価な空輸料金、効率的な低温貯蔵、花を一種の冬眠状態にして2週間近くにわたって鮮度を保つことができる「収穫後」の処置方法である。ヨーロッパの花屋やスーパーマーケットの棚に届くバラの切り花は、その48時間前まではケニア、ウガンダ、ザンビア、イスラエルといった国々で育てられていたはずだ。その花が、24時間後にはオランダのアールスメールやレインスブルクの花市場に移動している。到着から数時間のうちに買い取られるとふたたび旅に出て、1日か2日後には誰かの家を美しく飾っている――といっても、近頃では「ミックス・ブーケ」の一部になっている可能性が高い。

現在、切り花用のバラのほとんどは巨大な温室で水耕栽培によって育てられており、そこではすべてをコントロールすることができる。季節に応じて、1日に最多で6回の収穫がある。それぞれの花を、いつ、どの部分で切ればいいのかを判断する能力はきわめて重要だ。収穫が早すぎると花が開かず、遅すぎると「格下の」市場に送られる。長い茎が絶対条件だが、切る位置が低すぎると、その先の成長に必要な花芽がなくなってしまう。

2月13日には、茎が長くて花が大きいバラほど恋に苦しむ若者にアピールするから、値段もそれだけ高くなる。バレンタインデーにもっとも売れ行きのいいバラは、深紅の〈ナオミ〉や〈アヴァランシュ〉などの品種。つんと尖った古典的なつぼみが開くと波打つ花びらが誘うように渦を描く〈アヴァランシュ〉にはパステルカラーの親戚もそろっているので、〈アキト〉系とならび、一年を通じてもっとも頼りになる人気の品種だ。こうした品種は切り花市場に向けて特別に栽培されているため、バラのカタログではめったにお目にかかれない。

一年中入手可能で花持ちのいいバラには、香りがないという欠点がある。人はほぼ無意識のうち

〈エディス〉。デビッド・オースチン作出。芳香のあるバラで、イベントや結婚式用につくられた。

に芳香を期待してバラの花束に鼻を埋めるものだが、最近のバラにはほとんど香りがない。ところが、同じことを社交行事や結婚式でやってみると、うれしい驚きが待っているかもしれない。最高級品の取引では、育種家たちは香りの強い切り花、とくに花持ちが問題にされない式典用のバラを求める声に応えている。具体的には、イギリスのデビッド・オースチンやフランスのメイアンが、自社の育苗園から候補になる品種を選び、生産と平行して切り花の事業を展開している。デビッド・オースチンの〈ベアトリス〉〈コンスタンス〉〈エディス〉は、今では豪華なイベントを主催する業界に向けて広く栽培されている。

コロンビアやエクアドルは香りが強いバラの主要供給国として台頭しており、おもなターゲットはアメリカの市場だ。サバンナの肥沃な土、夜間の冷気、昼間の暖気が、完璧な生育環境を生み出している。ボゴタで栽培されたバラが、摘まれて

インドのラージャスターン州で販売と輸出用に仕分けされるバラの花びら。

から48時間たたないうちに、ボルチモアやひょっとしたらロンドンの教会での結婚式にいろどりを添えているかもしれない。

バラの花びらで家に芳香を漂わせる習慣は、古代ローマ人とともに消えたわけではない。バラが豊富だったペルシアでは、19世紀まではバラの花びらをふんだんに飾って訪問客を歓迎するのが一般的だった。東洋学者のウィリアム・ウーズリーは1810年頃、イギリス大使として派遣されていた弟と一緒に裕福なペルシア人の家を訪ねたときの体験を次のように書いている。

バラの饗宴と呼んでもいいかもしれない……すべての燭台がバラで飾られ……ハウズと呼ばれる池は……バラの花びらで覆い尽くされているので、風で水面が揺らいだときしか水は見えず、使用人たちは……ひっきりなしに、水面と広間の床の両方に新鮮なバラを撒いている。[3]

アラブ人の家庭では今もバラの花びらが日常的に消費されているが、現在、その大部分は輸入品だ。インド北西部のラージャスターン州（別名「砂漠の州」）アジュメール周辺の農場では、芳香性の赤いバラが栽培されている。花びらは乾燥され、毎日のように中東へ輸出される。花びらは屋根の上か、平坦な土地であればどこででも天日干しにされるので、アジュメールの大気にはバラの芳香がたちこめている。

19世紀のフランス人作家で園芸家のアルフォンス・カールは、「香りがないとバラとしての価値はせいぜい半分程度だ」[4]と述べている。バラを別格の存在にしているのは、なんといってもその芳香である。色と香りの両方においてこれほど多様な花はない。これまでわたしが話をしたことがある育種家たちは、もっとも芳香性の高いモダン・ローズのひとつとして、かならず淡いアプリコット・ピンクの〈キャンドス・ビューティー〉（2005年）の名をあげる。個人的な好みでいえば、ピーター・ビールズ作出の魅惑的な中輪の白バラ〈マクミラン・ナース〉（1998年）をあげておきたい。

だが、香りというのは人によって感じ方が異なるうえに、言葉ではうまく表現できないものでもある。それは、バラの香りの化学成分が専門家以外の人の理解力を超えていることが原因だ。たとえば、ブルガリアやトルコで栽培されるロサ・ダマスケナ・トリギンティペタラ（*R. damascena* 'Trigintipetala' 別名カザンリク）は調香師が高く評価する精油を産出する品種であり、その精油は450種類もの化学成分で構成されている。バラ科の成分として異色なものはひとつも含まれていないが、4種類——ネロール、ゲラニオール、フェニルエチルアルコール、シトロネロール（シトロネラとは別の成分）――がオールド・ローズの芳香を際だたせている。訓練を受けた「鼻」や調香師がバラの品種のわずかな違いを嗅ぎあてられるのに対して、ふつうの人が嗅ぎ分けられる香りは、もっとも多い人でも5系統くらいしかない。つまり、オールド・ローズ、フルーティ、ムスク（おしべから発生する香り）、ミルラ、そして、おそらくはもっともよく知られているティーである。また、組み合わさって新たな匂いが生まれることもある。

交配種世代のバラは、花の形や習性だけでなく、その香りも新しいものだった。19世紀に誕生したブルボン・ローズは、中国とヨーロッパの品種を交配親にすることによって独特のフルーティな香りを手に入れた。濃いピンクのブルボン・ローズ〈マダム・イザーク・ペレール〉（1881年）が開花したら、ぜひ鼻を埋めてみてほしい。対照的に、ムスク系のバラは、その姿が見えなくても自分の存在を伝えることができる。ピンクの小輪〈ポールズ・ヒマラヤン・ムスク〉（1916年）は、暖かくて穏やかな夏の午後には、その丁子《ちょうじ》のような香りを庭園中に漂わせる。

時間帯ももうひとつの要因だ。午前中に嗅ぎとれる〈マダム・アルフレッド・キャリエール〉の繊細な香りは、夜になって気温と湿度が変わるとまったく別のものになってしまうことがある。この花は開花から時間がたつにつれて強いグレープフルーツ様の芳香を放つ。また香りというものは、品種によって異なる化学組成だけではなく、それを認識する鼻の感度にも左右される。たとえば香草のアニスは、ある人にとっては「フルーティな没薬《ミルラ》」でも、ほかの人にとっては「家庭用洗剤」としか感じられないかもしれない。性別が香りの好みに関与している証拠もいくつかある。

バラの物語の大部分がそうであるように、精油の抽出は古代ペルシアに起源を発し、そこからイ

伝統的なバラ水蒸溜器。イランのエスファハーン州カーシャーンにて。

スラーム諸国や中国へ輸出されていく。イラクのサーマッラーにあるスルターン・アル＝ムタワッキル（８６１年没）の宮殿に敷かれた絨毯には、定期的にバラ水が噴霧されていたという。アル＝ムタワッキルが「わたしはすべてのスルターンの王である」と宣言するとき、続く言葉は決まっている。「バラがすべての香りの王であるように」[5]

伝えられるところによると、エルサレムのアルアクサー・モスクやコンスタンティノープルのアヤソフィア大聖堂もバラ水で洗浄されたといわれる。それはバラ水に浄化の力があると信じられていたからだ。ムスリムの世界でもっとも神聖な場所であるメッカでは、今も毎年バラ水による洗浄がおこなわれている。このためのバラ水は、イラン中部の都市カーシャーン近郊の町でダマスク・ローズの中心的生産地カムサールからも送られる。毎年の祝祭には、バラ水製造の儀式を見に数万人が訪れる。

バラの健康効果については、少なくともプリニウスの時代から知られている。プリニウスはバラで治療しうるとされた32種類の疾患をあげた。何世紀にもわたり、薬剤師や薬草医はさまざまな慢性疾患の治療にバラを推奨してきた。植物学者のアンソニー・アスカムが１５５０年に出版した薬草学の本に、なかなかいいことが書いてある。「乾燥させたバラを鼻にあてて匂いをかぐと脳と心臓が癒やされ、気分がやわらぐ」。気分をやわらげるのに加え、バラは家庭のいやなにおいをごまかすためにも使われてきた。エリザベス朝時代の人々がバラ水で香りつけをした手袋を鼻にあてていたのはそのためだ。

１５９４年、ヒュー・プラットは著作『淑女のよろこび *Delights for Ladies*』で、「極上の甘露水」

バラ水をつくるためにバラを摘む女性たちの挿絵。中世の健康指南書『健康全書』（14世紀）より。

のレシピを紹介している。これは「千本のダマスク・ローズ」を必要とする贅沢なものだった。ヨーロッパの最富裕層は、バラ水を染みこませた燃えさしを焚いて部屋のかび臭さを除去してくれる「調香師」を歓迎したことだろう。

疫病の大流行がしだいに増えてきた1661年、日記作家のジョン・イーヴリンは、ロンドンの煙った有害な空気はダマスク・ローズで浄化できると信じていた。イーヴリンの友人の詩人エイブラハム・カウリーも同じ意見だった。

分別と鼻を持っているのなら
なぜバラやジャスミンにかこまれて暮らそうとしない
息をつまらせるほうがいいのだろうか
埃《ほこり》と煙を浴びながら[6]

痛ましいことに、1665年のペストの流行では、甘い香りを漂わせても7万人近くのロンドン市民の死を防ぐことはできなかった。一方、病気にかかりやすいというバラの性質が役に立つことは証明されている。トスカーナ州からオーストラリアのバロッサ・バレーにいたるワインの生産地では、ブドウ畑の端の列にバラを植える。病気を早く発見するためだ。

家庭でのバラの一般的な使用法のひとつが、ポプリだった。「ポプリ」はフランス語で、直訳すると「腐った混合物」という意味になる。遅くとも18世紀には利用されていたらしく、レディ・ラックスボロは次のように表現している。「種類を問わず、非常に香りの強い花をポットに詰め〔原文のまま〕、まぜたものが腐るととてもいやな匂いがする」。ポット入りのポプリは貧困層を除くあらゆる家庭で利用され、それぞれの家の調合が母親から娘や家政婦や女中たちに受け継がれていった。湿式と乾式のどちらのポプリでも、バラの花びらはつねに中心的な材料だった。湿式――花、塩、スパイスの混合物――は、「見た目」がよくないという理由で最近ではほとんどつくられていないが、香りはこちらのほうが長持ちする。園芸家のガートルード・ジーキルは著書『住まいと庭 *Home and Garden*』（１９００年）では乾式ポプリにほとんどふれておらず、湿式よりも「気が抜けていて、効果が弱い」と評価は低い。

とはいえ、バラにたくさんの品種があるように、乾式のポプリにもそれに負けない数のレシピがある。園芸ライターのエレノア・シンクレア・ローデは、ロディオラ（和名イワベンケイ）――彼女によればロサ・ガリカ・オフィキナリス（別名アポテカリーズ・ローズ。「薬屋のバラ」）と似た香りがするという――のほか、セイヨウスイカズラ、カーネーション、レモンバーベナ、バイカウツギを加えるように薦めている。園芸家のベス・チャトーは、ジャーマンアイリスかシロバナイリスの根茎をすりつぶしたものに、いろどりを添えるためにマリーゴールドをちぎって少し加える。ただ、そこに入れるスパイスの量が多すぎると、ポプリというよりはミンスミート［ドライフルーツにスパイス・脂肪・砂糖・ラム酒などを加えた保存食］のような香りになってしまう、と注意をうながしている。

バラの花びらのような装飾性はないものの、果実のローズヒップは昔からジャムの材料として珍

ローズヒップの健康効果がすべて解明されたのは20世紀になってからだった。

重されてきた。ただし高濃度のビタミンCが含まれていることが判明したのは、第2次世界大戦中にイギリスが食糧不足に陥ってからである。1941年の秋、政府はスコットランドの女性やボーイスカウトを集めて生け垣を探索させ、シロップを製造するためにローズヒップを採取させたという。集まったのはなんと1億3400万粒——そのイヌバラ（ロサ・カニナ）の果実200トンで60万本ものシロップが製造された。オレンジなどの柑橘類が手に入るようになるのは1950年代からであり、ローズヒップは当時も今も、必須栄養素ビタミンCの貴重な供給源だ。免疫システムを強化したり、変形性関節症で可動性を改善したりする効果があるとして、薬草医からも推奨されている。

トルコでは、ローズヒップといえばお菓子の「ターキッシュ・ディライト」［砂糖とデンプンの生地にナッツやローズヒップなど加えて固めたもの］だ。ローズヒップティーも、美味であることはもちろん、健康効果が期待できるという理由で広く飲まれている。ポーランドや、世界中のポーランド人コミュニティでは、四旬節の初日にあたる聖灰水曜日の前日に「ポンチキ」と呼ばれるドーナツに似たお菓子を食べる習慣がある。なかに詰める具材として最高とされるのはローズヒップのジャムである。

バラ水が比較的簡単に製造できるのに対し、きわめて貴重なバラ油を抽出する方法はもう少し複雑だ。「精油 attar」の語源は、香水を意味する古代ペルシア語の「オトル atr」。蒸溜による抽出の技術は遅くとも9世紀には確立しており、さらに古くまでさかのぼれる可能性もある。イランのシーラーズ南部のフィルザーバードには、ササン朝初代の王アルダシール1世（在位226～40年）

の宮殿があるが、その周囲に広がる平原には、エジプト、インド、中国向けの精油を抽出するための赤いバラが一面に咲きほこっていたという。810年から817年にかけて、バグダードにいるカリフのために3万瓶という気が遠くなるような量の精油が運ばれたという記録がある。イタリアでも、16世紀にはごく基本的な蒸溜技術の知識が知られていたが、ペルシアやインドからヴェネツィアに運んだ精油をヨーロッパ各地で販売するほうが一般的だった。

いくつかの国には、バラ油抽出法の発見にまつわる伝承がある。そんな物語のひとつに登場するのが、このうえなく美しいがとてもわがままな、ムガル帝国の后妃ヌール・ジャハーンだ。17世紀初頭、ヌール・ジャハーンは首都アーグラのアラム庭園にあった自身の宮殿の用水路をバラ水で満たしたいと望み、それがインドでのバラ油の発見につながったという。夫の残忍な皇帝ジャハーンギール（1569～1627年）と后妃が見守るなか、バラ水は暑さで蒸発し、油分の多い残留物は「インドで知られるもっとも繊細な香水」[7]となった。ジャハーンギールが叫ぶ。「こんなにすばらしい香りはほかのどこにもありはしない！」[8]

もっとも、オスマン帝国領土時代のブルガリアでは、すでに15世紀には抽出法についての知識があった。当時からバラ栽培がさかんだったブルガリア中部の都市カザンラクは、今も世界のバラ油生産の中心地である。土壌、降雨量、気温という3条件がそろい、ロサ・ダマスケナ・トリギンティペタラ、地元では〈カザンリク〉として知られるバラの生育に完璧な環境となっている。この品種の世界第2位の栽培地はトルコ南西部のイスパルタとブルドゥルの周辺地域だが、これも1894年にブルガリア人の移民によって栽培がはじめられたものだ。

ジャハーンギール皇帝とフッラム皇子をもてなすヌール・ジャハーン后妃。彼女がバラ油の抽出方法を発見したと伝えられている（1624年頃、インド）。

濃密な匂いがたちこめるバラの花びらの仕分け場。1898年、グラース、フランス。

どちらの国でも〈トリギンティペタラ〉はいまだに栽培品種の主力であり、収穫高は劣るもののガリカとケンティフォリアも栽培されている。花びらの採集は、毎朝、開花と同時にはじまり、早朝の露が日を浴びて乾くと同時に終了する。最高の精油は午前9時までに摘みとられた花から抽出されるという。花びらだけでなく、すべての部位に貴重な精油が含まれているので、花全体が利用される。

精油は何世紀にもわたって農家が素朴な装置を使って抽出してきたが、現在は効率的な工場が業界を支配している。生産方法はおもにふたつ。ひとつは化学薬品を使った溶媒抽出法で、現在ではこの方法がもっとも濃縮度の高い「アブソリュート」製造の主要方式となっている。もうひとつが水蒸気蒸溜だ。古い時代の水蒸気蒸溜では、ほのかな香りが残るバラ水と、水の上に分離してできた「バラの花の精」の両方を生産できた。

バラの収穫時期は短く、花は手で摘まなければならないため、多くの人手が必要になる。ブルガリアでもトルコでも、女性たち――働き手のほとんどが女性――は朝早く起

バラの香料入り化粧品のラベル（1840年頃）

きて、籐の籠を陶酔の香りを漂わせる花々で埋めていく。毎年恒例のバラ祭に訪れる人々は、むせかえるような濃密な香りに驚嘆し、摘み手のすばやい指の動きに目を丸くする。年に一度の収穫を祝う踊りやパレードが披露されると製品は世界各地へ送りだされ、砂糖菓子のロクム（ターキッシュ・ディライト）から高級ブランドの香水まで、さまざまな製品に加えられる。「アブソリュート」とバラ油はどちらも高級香水や化粧品のクリームに幅広く使われている。5ミリリットルの瓶をバラ油で満たすには1万枚の花びらが必要とされ、認知度が高まった現在、バラ油は香水や化粧用オイルのなかでも最高級品に数えられるようになった。

　こうした高級香水のほとんどを開発しているフランスでは、19世紀後半にロサ・ダマスケナ・トリギンティペタラの育成が試みられたが、ブルガリアやトルコよりも温暖な気候にバラをうまく適応させられなかった。しかし1901年、パリ郊外にある有名なバラ園の所有者だったジュール・グラヴローは、フランス版〈トリギンティペタラ〉になることを期待して、ルゴサ系の〈ローズ・ア・パルファン・ド・ライ〉を作出した（ルゴサは1000年前の中国でも精油を目的に栽培されていた）。だがやはり、フランスでは経済的に折り合わない品種であることが判明する。現在、香水業界発展のために南フランスのグラースでダマスク・ローズを中心にした栽培がおこなわれているが、国際的な競争力という点ではブルガリアやトルコには遠くおよばない。フランスは、あくまでも香水を創造する場として高く評価されるにとどまっている。

香り豊かなダマスク・ローズはインド北部とパキスタンでも大々的に栽培されており、花飾りや礼拝用の花びらとして地元で利用されている。どちらの国にも、バラ水やバラ油を国内消費や輸出用に製造する業界が存在する。インド、とくにウッタル・プラデーシュ州カナウジの周辺から中東へ輸出されるバラ油と「アブソリュート」――「ルーフ・アル・グラブ（「バラの魂」の意）」と呼ばれるもの――の売上高はかなりの金額にのぼっている。おもな輸出先はサウジアラビアとクウェートである。バラ油は、スプレーやアトマイザーを使う西洋の香水と異なり、直接肌に塗ることができるうえアルコールが含まれていないので、とくにイスラーム教徒から珍重されている。「ルーフ・アル・グラブ」は、クウェートでは男性がつけており、女性の使用者も増えている。

精油は時の経過とともに熟成すると信じられている。結婚の贈り物として買い求められることが多いが、ワインを貯蔵するのとまったく同じ方法で「寝かせておく」という。2017年にBBCのオンライン・ニュースで紹介された記事によると、2014年のサウジアラビアでの香水販売額は14億ドル（11億ポンド）で、バラ油のみに費やされた個人の消費額は平均で月700ドル（550ポンド）だという。[9]

高価であるかどうかにはかかわりなく、西洋では、バラの凝縮精油――アブソリュート――が単独の香りとして身にまとわれることはない。異なる香りをブレンドした香水と比べると匂いが強すぎると考えられているからだ。調香師に求められるのは、精油を調合してこれぞという香りを見つける技能である。香水の専門家リジー・オストロムは、「バラ油はバラの香りがするわけではない」[10]と語っている。「鼻」として人生を送り、現在はバラの香りについてデビッド・オースチンに助言をしているロバート・カルキンによれば、それのみで「セクシーな」香りがするという成分は存在しない。しかし、たとえばジャスミンなどを混ぜると、女性にとってもっとも魅力的な香りのひとつになるという。そのおかげで、バラ油は高級な保湿剤や20世紀を代表する香水の多くにとって、なくてはならない原料になったのである。

すべてのはじまりは、初期の偉大な調香師のひとりであるフランソワ・コティが、新しい香水「ローズ・ジャックミノー」の宣伝のために考えた大胆な戦略だった。製品名の由来となったベルベットのような赤バラ〈ジェネラル・ジャックミノー〉（1853年）は、強い芳香を放つフランスのバラで、グラヴロー作出の〈ローズ・ア・パルファン・ド・ライ〉の祖父母にあたる品種である。ある日コティは、パリの百貨店で1本の瓶をうっかり床に落としてしまった。すると女性たちが香りの源を探して集まりはじめ、店舗の人々がうちの店に置かせてくれと騒ぎだしたという。あとに続けとばかりに、何十種類ものバラの「ソリフロール」――主原料と商品名に特定の花を使った香水——が発売され、その後も人気は衰えていない。

たとえば、キャロンの「ローズ」、フローリスの「チャイナ・ローズ」、パルファン・ロジーヌの「ローズ・ダムール」、ソニア・リキエルの「リキエル・ローズ」や、アニック・グタール〔現在のブランド名はグタール〕とイヴ・ロシェの「ローズ・アプソリュ」。由来や歴史を売り物にした、オードイタリーの「パエストゥム・ローゼ」、クリードの「フルール・ド・ブルガリ」などもある。しかし、20世紀後半のバラの香水で最大の成功をおさめた製品——たとえば、ジャン・パトゥの「ジョイ」、シャネルの「No.18」、ゲランの「ナエマ」、エスティ・ローダーの「ビューティフル」——は、いずれもバラの香りをトップノートに用いているにもかかわらず、「バラ」という単語を商品名として前面に押し出したものではない。

偉大な香水アーティストであるセルジュ・ルタンスは、自身が手がけた「ローズ・ド・ニュイ」を「本物のバラの絨毯[11]」と表現する。ただし、香りの評論家ルカ・トゥリンはそれに賛同せず、イヴ・サンローランが1980年代に発表した陶酔の香り「パリ」のあと、「あれ以上に艶やかで、濃厚で、複雑なバラ〔の香水〕をつくることは不可能だ[12]」と感じているという。

室内にたちこめる本物のバラの香りを求めるのなら、フィレンツェの裏通りにあるサンタ・マリア・ノヴェッラ薬局を訪ねてほしい。同じ名前の有名な教会と鉄道駅の近くにある店だ。この薬局では遅くとも1391年からバラ水を製造しており、1612年から伝統的な製法でつくられたバラ製品を市民に販売している。店の入り口で深々と息を吸うと、何世紀も前の特権階級の人々がそうであったように、バラの精油の香りを吸いこむことができる。

フィレンツェのサンタ・マリア・ノヴェッラ薬局で販売されているバラ製品

サンタ・マリア・ノヴェッラ教会の修道女たちが1391年にバラ水をつくりはじめたとき、ヨーロッパの人々が知っている世界は今よりもはるかに小さかった。アメリカも南半球も存在せず、極東は旅人の作り話にすぎなかった。花の都フィレンツェも完全に中世のままで、フィリッポ・ブルネレスキがサンタ・マリア・デル・フィオーレ大聖堂のドーム部分の建築に取りかかるのは30年も先のことである。イングランドではプランタジネット家のリチャード2世がまだ王位に就いており、バラがイングランドのシンボルとなってから100年、テューダー・ローズになるまであと100年という時代だった。教会が、バラを異教徒ローマ人の堕落の証とみなして嫌悪していた気持ちを捨ててから、1000年近くがたとうとしていた。

修道女がバラ製品の販売をはじめた翌年の1613年、印刷技術が飛躍的に進歩したおか

きわめて写実的に描かれた白と赤のバラ。バシリウス・ベスラー『アイヒシュテットの庭園』（1613年、ニュルンベルク）より。

げで、『アイヒシュテットの庭園』〔バシリウス・ベスラー著／タッシェンジャパン／2002年〕では、バイエルンのアイヒシュテット領主司教の庭園で咲くバラを優美な緻密さで示すことが可能になった。その16年後には、ジョン・パーキンソンがイングランドで入手可能な24種類のバラを紹介した園芸書を書いている。その150年後には、4種類の偉大なバラが中国から渡ってきて、バラの系統を永遠に変えてしまった。19世紀後半にハイブリッド・ティーが、20世紀初頭にフロリバンダが紹介されたことで、さまざまな花の色、形、系統、香りがあふれ、その勢いは現在も衰える気配はない。

カント家のアンジェラ・ポージーが編集長として34年間刊行し続けてきたバラへの愛の結晶である専門誌『あのバラを探せ *Find That Rose*』のオンライン版の最新情報では、イギリスの40の育種会社から現在入手可能なバラとして3580品種があげられている。毎年数種類が消えていく一方で、2016年には140種類の新種が紹介された。世界中で愛されている花との蜜月には、けっして終わりは来ない。

謝辞

本書の執筆をはじめたとき、わたしは多少なりともバラのことは知っていると考えていた。現在、この複雑な植物についての知識が大幅に増えたことを実感している。バラと園芸の世界にかかわる人々から受けた支援と激励に心より感謝する。チャールズ・クエスト＝リトソンは、バラとその歴史についての知識を惜しみなく授けてくれた。デビッド・オースチン・ロージズ社のマイケル・マリオット、カンツ・オブ・コルチェスター社のアンジェラとロジャー・ポージー、ポーコックス・ロージズ社のステュアート・ポーコック、そしてロバート・カルキンが貴重な時間をさいて助言してくれたことにお礼を申し上げる。ケンブリッジ大学植物園コリー図書館のジェニー・サージャント、王立園芸協会リンドリー図書館（ロンドン）のトム・ピンク、王立園芸協会ウィスリー図書館（サリー州）のアビゲイル・バーカー、ロンドン図書館スタッフの助力と忍耐にもお礼を申し上げる。また、マシュー・ビッグズ、スティーヴン・クリスプ、メラニー・デヴォア、マーク・ディアコノ、マドレーヌ・デュベイル、アレクサンドラ・フェデラ、ジリアン・モーリー、キャスリーン・ピッグ、バーバラ・シーガル、トゥオ・ス、アマンダ・ヴィッカリー、ギリヤとヴィル・ヴィララーガベン夫妻、トラヴィス・ウェルマンに感謝する。ジェニファー・ポッターには励まされた。快活な編集者マット・ミルトンとの仕事はつねによろこびである。

バラの物語は多くの友人と家族の想像力を刺激した。とくに、貴重な助言をくれたジリアン・ブレイ、ザンビアでのバラ園経営の詳細を話してくれたシボーン・フランクリン、文学的助言をくれたヘスター・ヴィッカリー・スタイルズに感謝したい。家族では、トルコにおけるバラの花びらについて情報を提供してくれたロス・バーワイズ、バラのすばらしいレシピを教えてくれたジュリア・ジョーゼット、ありがとう。しかし誰にもまして、「わが家の校正者」として不撓不屈とも思える忍耐を示してくれたパトリック・バーワイズに最大の感謝を捧げる。

バラには多くの難題があるが、専門家のあいだでさえスペルが一致していない品種の存在もそのひとつである。可能なかぎり『バラ大図鑑――イギリス王立園芸協会が選んだバラ2000』[小山内健監修/主婦と生活社/2019年]に準拠した。なんらかのまちがいがあれば、それはすべて著者の責任である。

訳者あとがき

「結婚式や記念日、誕生や死などの人生の大切な節目に、わたしたちは往々にしてこの花を選ぶ」と著者キャサリン・ホーウッドはいう。

たしかに、そうだ。それはちょっと奮発して相手にいいところを見せようとか、予算の枠内で可能なかぎり花束を豪華な感じにしたいとかのいじましい計算は別にして、バラという花が持つ独特の気品と美しさ、はなやかさ、あるいは馥郁とした清楚さが人を惹きつけるからに違いない。そして、その感覚は万人が共有するものでもある。そうでなければ花屋でバラにしようかどうしようかと迷うこともなければ、沈着冷静に考えをめぐらすこともないのだから。すると、最初に掲げた著者の言葉の後ろから、ひとつの問いが浮かんでくる――「あなたにとってバラとはどのような存在なのか？」

イギリスの Reaktion Books が刊行する Botanical Series の一冊、本書『花と木の図書館　バラの文化誌 *Rose*』には、その問いに対する古今東西の人々の答えが示されている。北米では3500万年前のバラの化石が発見されたという。現生人類（ホモ・サピエンス）が世界中に急拡散したのが8万～5万年ほど前だから、ほんとうに古い花なのである。わたしたちの遠い祖先がバラにどのような感情を抱いていたのかは知る由もないが、やはり愛でながら進化し、文明を築いていったのだろう。二足歩行をはじめた人類が、ふと足を止めて野に咲くバラにふれている姿が見えるような気がする。そうした長い時間を経てきたからこそ、古代エジプトの棺のなかにバラが入れられていたのだ。

人間の歴史からバラは消えることがない。日本では「バラはイギリス」のイメージが強いが、世界最古のバラ栽培の地はどうやら古代ペルシアなどの中東地域、中国、エジプトといった地域らしい。神話の世界でも、現実世界でも、バラはさまざまな愛とむすびついてきた。たとえば神と人、男と女、女と女。ときには自己陶酔や権力欲、権力闘争の象徴となり、またエリザベス1世がしたように自己表現の手段となった。

人々と密接なかかわりを持ったバラは、当然ながら芸術の世界をいろどる。本書に登場するボッティチェリの「ヴィーナスの誕生」、ルドゥーテの『バラ図譜』などの絵画や、西洋を魅了したペルシアの大詩人ウマル・ハイヤームの『ルバイヤート』、白バラのヨーク家と赤バラのランカスター家が戦ったバラ戦争を題材にしたシェイクスピアの『ヘンリー六世』などの文学、あるいは伝説のバレエ・ダンサー、ニジンスキーが踊ったフォーキン振付の『薔薇の精』――両性具有的な薔薇の精の夢見るような手の動きは、ダンサーのみならず振付家としてもバレエの歴史を大胆に展開させたニジンスキーの考案だったともいわれる。

著者はまた、バラの品種改良の歴史をたどる。18世紀末から19世紀にかけて中国から「偉大な4種」がヨーロッパに導入されて誕生した開花期の長いモダン・ローズの繁栄や、そのために衰退したオールド・ローズの復権の軌跡、20世紀後半に両方のよさを取り入れて開発され、絶大な人気を獲得した半つる性のモダン・ローズなどを、数々の名花の写真とともに紹介していく。どのバラも美しく、自分のお気に入りを見つけるのも楽しみのひとつとなるだろう。巻末にはレシピ集もついているので、バラの花びらのジャムやポプリをつくってみてもいい。

長年園芸にたずさわってきた著者のホーウッドは、自分自身でも複数の庭園をつくり、それらを一般公開する慈善活動に参加しているという。著者のバラへの愛に満ちた本書は、バラの新たな魅力を発見させてくれるに違いない。

訳出に際してはさまざまな助言と協力を得た。とくに原書房の中村剛さんにはひとかたならぬお世話になった。この場をお借りして厚くお礼を申し上げる。

2021年2月

駒木　令

写真ならびに図版への謝辞

図版の提供と掲載を許可してくれた関係者にお礼を申し上げる。

Alamy: pp. 4 (John Glover), 19 (Josh Westrich), 21 (PBL Collection), 47 (Paul Fearn), 58 (Hercules Milas), 86 (Rex May), 89 (Avalon/Photoshot Licence), 90 (GKS Florapics), 96 (Paul Mogford), 97 (Roger Phillips), 101 (Steffen Hauser/botanikfoto), 104 (Garden World Images Ltd), 105 (Mauritius images GmbH), 108 (Dorling Kindersley Ltd), 110 (Kim Carlson), 113 (Garden World), 115 (Garden World Images Ltd), 117 (Avalon/Photoshot License), 119 (Universal Images Group North America LLC/DeAgostini), 140 (Moskwa), 149 (Amoret Tanner), 159 (Garden Photo World), 176 (Chronicle), 182 (Lebrecht Music and Arts Photo Library), 200 (Matthew Kiernan), 198 (Chronicle), 201 (Chronicle), 204 (Paul Fearn), 206 (Everett Collection Inc.), 228 (Heritage Image Partnership/© Georgia O'Keeffe Museum/DACS 2018), 236 (Eunan Sweeney), 239 (Eric Lafforgue), 241 (Prisma Archivo), 249 (Amoret Tanner); Archives du Val de Marne: p. 139; Author's collection: pp. 8, 11, 52, 73, 99, 144, 145, 146, 148, 150, 190, 229, 244, 253; David Austin Roses, www.davidaustinroses.com: pp. 121, 144, 235; British Library, London: pp. 67, 72, 197; Europa-Rosarium Sangerhausen: p. 157; Freer Art Gallery, Washington, DC: p. 247; Getty Images: pp. 153 (Carlton/Picture Post/Hulton Archive), 171 (DeAgostini); Kenton Greening: p. 14; Library of Congress, Washington, DC: p. 50; Metropolitan Museum of Art, New York: pp. 68, 183, 191; James Mitchell: p. 212; New York Public Library: pp. 16, 222; Offcial White House Photo: p. 162 (Pete Souza); REX Shutterstock: pp. 35 (Alfredo Dagli Orti), 39 (British Library/Robana), 56 (Alessandro Serrano), 77 (The Art Archive), 187 (British Library/Robana), 210, 232 (Kharbine-Tapabor); Rijksmuseum, Amsterdam: p. 218; Shutterstock: p. 94; Girija and Viru Viraraghavan: p. 123; Victoria and Albert Museum, London: pp. 205, 216; Yale Center for British Art, Paul Mellon Collection: p. 219.

Quest-Ritson, Charles, and Brigid Quest-Ritson, *The Royal Horticultural Society Encyclopedia of Roses* (London, 2003)［チャールズ・クエスト＝リトソン／ブリジット・クエスト＝リトソン『バラ大図鑑――イギリス王立園芸協会が選んだバラ2000』小山内健監修／主婦と生活社／2019年］
Rose, Graham, Peter King and David Squire, *The Love of Roses* (London, 1990)
Shepherd, Roy E., *History of the Rose* (New York, 1954)
Thomas, Graham Stuart, *The Graham Stuart Thomas Rose Book* (London, 2004)
Villalobos, Nadine, *A Treasury in L'Haÿ-les-Roses: The Roseraie du Val-de-Marne* (Paris, 2006)

参考文献

Austin, David, *Old Roses and English Roses* (Woodbridge, 1992)

———, *Shrub Roses and Climbing Roses: With Hybrid Tea and Floribunda Roses* (Woodbridge, 1993)

Beales, Peter, *Classic Roses: An Illustrated Encyclopaedia and Grower's Manual of Old Roses, Shrub Roses and Climbers* (London, 1997)

Bunyard, Edward, *Old Garden Roses* (London, 1936)

Cairns, Tommy, ed., *Modern Roses XI: The World Encyclopedia of Roses* (San Diego, CA, 2000)

Dickerson, B., *The Old Rose Advisor* (Portland, OR, 1992)

———, *The Old Rose Adventurer* (Portland, OR, 1999)

Elliott, Brent, *The Rose* (London, 2016)

Fisher, Celia, *Flowers of the Renaissance* (London, 2011)

Genders, Roy, *A History of Scent* (London, 1972)

Goor, A., *History of the Rose in the Holy Land throughout the Ages* (Tel Aviv, 1981)

Griffiths, Trevor, *A Celebration of Old Roses* (London, 1991)

Harkness, Jack, *The Makers of Heavenly Roses* (London, 1985)

Harkness, Peter, *The Rose: A Colourful Inheritance* (London, 2003)

Hobhouse, Penelope, *Gardens of Persia* (London, 2006)

———, *Plants in Garden History* (London, 1992)

Jekyll, Gertrude, and E. Mawley, *Roses for English Gardens* (London, 1902)

Krüssmann, Gerd, *The Complete Book of Roses*, trans. Gerd Krüssmann and N. Raban (London, 1982)

Laird, Mark, *A Natural History of English Gardening, 1650-1800* (New Haven, CT, 2015)

Landsberg, Sylvia, *The Medieval Garden* (London, 1995)

Le Rougetel, Hazel, *A Heritage of Roses* (London, 1988)

Pal, B. P., *The Rose in India* (New Delhi, 1966)

Paterson, Allen, *A History of the Fragrant Rose* (London, 2004)

Phillips, Roger, and Martyn Rix, *The Quest for the Rose* (London, 1996)

Potter, Jennifer, *The Rose: A True History* (London, 2011)

年表

3500万年前	バラが北米で化石になり，20世紀に発見される。
紀元前1500年	夏王朝時代からバラが描かれはじめたとされる。
77～79年	大プリニウスが『博物誌』にバラで治療しうる32種類の病気をあげる。
170年	北エジプトのハワラの墓にバラの花輪が置かれる。墓は1880年代に発見された。
818年	カール大帝の息子ルートヴィヒ敬虔帝がヒルデスハイムにある聖マリア大聖堂にロサ・カニナを植える。現存しており「1000年のバラ」と呼ばれている。
1239～40年	ロサ・ガリカ・オフィキナリスが十字軍によってフランスに伝来する。シャンパーニュ伯チボー4世（のちのナバラ王）の兜に入っていたとされる。
1435年頃	ステファノ・ダ・ゼビオの『バラ園の聖母』に，格子垣に咲く白とピンクの八重のアルバ・ローズが描かれる。
1597年	ジョン・ジェラードが『本草書』で「ホーランド・ローズ」について言及する。後年の1753年にカール・リンネによってロサ・ケンティフォリアと命名される。
1750年頃	リンネあてに広東からロサ・キネンシス（コウシンバラ）〈オールド・ブラッシュ〉の乾燥花と生花が届く。だが，あまり関心を持たれなかった。
1792年	偉大な4種のチャイナ・ローズ（スタッド・チャイナ）の〈スレイターズ・クリムゾン・チャイナ〉がイギリスに初上陸する。
1793年	2種目のスタッド・チャイナ，ロサ・キネンシス〈パーソンズ・ピンク・チャイナ〉が中国から再伝来し，やがて〈オールド・ブラッシュ〉という名で知られるようになる。
1800年	〈オールド・ブラッシュ〉がアメリカへ送られる。
1809年	3種目のスタッド・チャイナ，〈ヒュームズ・ブラッシュ・ティーセンティド・チャイナ〉（現在は絶滅）が東インド経由でイギリスに上陸する。
1810年	パリ近郊マルメゾン城に住むジョゼフィーヌ皇后へバラを届け

るため，ロンドンの種苗商ジョン・ケネディに敵国フランスへ入る特別許可がおりる。

1811年頃　サウスカロライナ州チャールストンの米農家ジョン・チャンプニズが新種のバラを発見。〈チャンプニズ・ピンク・クラスター〉と名づけられる。ロサ・キネンシスとロサ・モスカタの交配種だった。

1814年　チャールストン植物園長フィリップ・ノワゼットが〈チャンプニズ・ピンク・クラスター〉から最初のノワゼット・ローズを作出し，パリにいる兄のルイ・クロードに送る。

1817年　ニコラス・ブレオンがブルボン島（現在のレユニオン島）の自宅の庭でロサ・ダマスケナとロサ・キネンシスの自然交配種を発見。ブルボン・ローズの祖となる。

1819年　ルイ・クロード・ノワゼットがノワゼット・ローズ〈ブラッシュ・ノワゼット〉をフランスで発売する。

1824年　プラントハンターのジョン・ダンパー・パークスが遠征先から4種目のスタッド・チャイナ，〈パークス・イエロー・ティーセンティド・チャイナ〉を持ち帰る。

1838年　ヘンリー・ウィロックがペルシアから八重咲きのロサ・フォエティダを持ち帰る。

1840～80年　「偉大な40年」。この期間にハイブリッド・パーペチュアルが全盛期を迎え，300種類以上のダマスク・ローズが入手可能になる。

1867年　のちにハイブリッド・ティー・ローズ第1号と認定される〈ラ・フランス〉が，ジャン・バティスト・ギヨーによって作出される。1966年，全米バラ協会（ARS）はこの年を境として「オールド・ローズ」（またはヘリテージ・ローズ）と「モダン・ローズ」に分けることを決定。

1876年　イギリスに英国バラ協会が設立され，サミュエル・レイノルズ・ホール師が初代会長になる。

1880年　イギリスのバラ育種家ヘンリー・ベネットが，リヨン園芸協会に「血統書付きのハイブリッド・ティー・ローズ」として新品種のバラ10種類を出品。リヨンの委員会はこれを新系統と認定し，以降「イブリド・ド・テ」（仏語で「ハイブリッド・オブ・ティー」の意）と呼ばれるようになる。

1893年　英国バラ協会がようやく，「ウィルトシャーの魔術師」ヘン

リー・ベネット作出のバラがハイブリッド・ティーという新系統であると認める。

1898年　ドイツ・バラ協会がザンガーハウゼンにヨーロッパ・バラ園を建設する。

1899年　パリのボンマルシェ百貨店の共同経営者ジュール・グラヴローが引退し，パリ近郊ライ・レ・ローズで，のちに「ラ・ロズレ・ド・ライ」と呼ばれる庭園でのバラ育種に専念する。

1900年　ジョセフ・ペルネ＝デュシェが〈ソレイユ・ドール〉を発表し，ハイブリッド・ティー・ローズにペルネティアナという新系統をつくる。

1901年　プラントハンターで探検家のアーネスト・H・'チャイニーズ'・ウィルソンがロサ・オメイエンシス（*R. omeiensis*）を発見。のちに，キュー王立植物園とマサチューセッツ州ボストンのアーノルド樹木園に18本以上を持ち帰る。

1905年　オレゴン州ポートランドが世界博覧会を開き，歩道にハイブリッド・ティーの〈マダム・カロリーヌ・テストゥ〉を1万本植える。

1907年　パリのブローニュの森にあるバガテル・バラ園で，世界初の国際新品種コンクールが開催される。

1911年　デンマークの育苗商ディヌス・ポールセンが，ハイブリッド・ティーとポリアンサを交配してフロリバンダの先駆けとなる品種をつくる。

1930年　アメリカ在住のフランス人バラ育種家J・H・ニコラ博士が，ハイブリッド・ティーとポリアンサの交配種に「フロリバンダ」という名前を考案する。アメリカの植物特許法がバラ育種家に特許使用を初めて認める。

1932年　ロンドンのリージェンツ・パークにナショナル・ローズ・ガーデンが造られる。1935年にクイーン・メアリーズ・ローズ・ガーデンと改名される。

1945年　世界でもっとも成功したバラ〈ピース〉が，育種家のフランシス・メイアンによってフランスで，さらにコナード・パイル社によってアメリカで発表される。

1960年　ドイツのマティアス・タンタウ・ジュニアが，朱色色素「ペラルゴニジン」を含む最初のバラ〈スーパースター〉を作出。

1961年　デビッド・オースチンが一季咲きの半つる性バラ〈コンスタン

	ス・スプライ〉を発表。オースチンのイングリッシュ・ローズ第1号となる。
1970年代	グレアム・ステュアート・トーマスが，自身のオールド・ローズ・コレクションをハンプシャー州にあるナショナル・トラスト所有のモティスフォントに移す。そこは1900年以前のオールド・ローズを集めたナショナル・コレクションになる。
1986年	ロナルド・レーガン大統領がバラをアメリカ合衆国の国花にする法律に書名。イギリスの労働党もバラをシンボルにする。
1999年	ウィスコンシン州グリーンフィールドのアマチュア育種家ウィリアム・ラドラーがノックアウト・シリーズを発表。全米で大人気となる。
2016年	〈フランク・キングドン・ウォード〉が，ケンブリッジのグランチェスターにあるウォードの墓に植えられる。このバラは，インド北西部のシロヒ山斜面でウォードが採集したロサ・ギガンテアをもとにインドで作出された。
2017年	BBCの「ガーデナーズ・ワールド」の視聴者が，50年間でもっとも重要で影響力のあった花にバラを選ぶ。

付録　バラの種類

バラ科は非常に大きく，107属と3000種以上に分類される。基本となるバラ属のほかにも，よく知られた食用果実がある。アーモンド，リンゴ，アプリコット，ブラックベリー，ナシ，プラム，ラズベリー，イチゴ，さらには，マルメロやカリンなどだ。また，庭園低木として人気の高いコトネアスターやピラカンサ，多年草のキジムシロやアルケミラモリスもバラ科の植物である。

バラの名前と登録名

バラの名前はすべて複数の組み合わせでできている。最初はかならず属名の「ロサ」。それに続く2番目の名は2種類ある。ひとつは種名［種小名ともいう］。つねにイタリックで表記され，そのバラが野生種として発見されたことをあらわす。2番目の名に引用符がついていたら――たとえばロサ・'ピース'，ハイブリッド品種（*Rosa* 'Peace', a *hybrid cultivar*）となっていたら――人工交配（ハイブリッド）された園芸品種であることを意味する。さらに，引用符のついた3番目の名前がつけられている場合，それは，ある種の特定品種（自然交配でも人工交配でも）を示す。たとえばロサ・ガリカ・'オフィキナリス'（*Rosa gallica* 'Officinalis'）は，属名（バラ），種名（ガリカ），園芸品種名（'オフィキナリス'）ということになる。

バラの名前は国によって異なることもある。たとえば，ヴェルナー・ノアックが1991年に作出した白いグランドカバー・ローズ'シュネーフロッケ'（「雪片」の意）は，原産地ドイツ以外では'ホワイト・フラワーカーペット'という英語名で親しまれているし，また一部の国では'オファーリア'（原文ママ）とか'エメラ・ブラン'という名称で流通していたりする。さらに混乱することに，別品種のロサ・ルゴサ・'シュネーコッペ'（'スノー・ペイヴメント'）が'シュネーフロッケ'として売られていることもある。客がバラを購入するときの目安になるよう，1970年代後半に育種家たちは新たな国際登録名を定めた。それ以降，バラの登録には「大文字と小文字」を組み合わせた略号がつけられるようになった。最初の3つは大文字で，たとえば「NOA」なら「Noack（ノアック）社」が作出したことを示し，次に続く小文字で品種を特定する。この約束事は，小売りではあまり目につかないが，これがあればどの国で売られていて

もすべてのバラを特定することができる。‘ホワイト・フラワーカーペット’に，正式な登録名「NOAschnee」が表示されていれば――発音は難儀にしろ，目当てのものを買っていることがわかるわけだ。登録名はたいていの場合，通名とは関連がない。たとえば，ハークネス社の半つる性品種‘ジャクリーヌ・デュ・プレ’（1988年）の登録名は「HARwann」である。ただ，ときにはヒントが隠されていたりする。「AUSquaker」は，デビッド・オースチンが作出したアプリコット色の‘デイム・ジュディ・デンチ’（2017年）の登録名だ。ジュディ・デンチのファンならピンとくるだろう。つまり，ジュディ・デンチはクエーカー教徒の町として有名なヨーク市出身であり，クエーカー教徒の女子校に通っていた。

野生種，オールド・ローズ，モダン・ローズ

野生種は北半球一帯に分布しているが，南半球には存在しない。現在知られている野生種200種のうち，4割は中国に自生する。庭園で栽培される品種は少なく（ロサ・グラウカやロサ・モイシーなど），ほかは交配に使われる。今日の園芸品種のほとんどは，16の野生種から派生した。

ロサ・アルウェンシス（フィールド・ローズ）；ロサ・ブランダ（プレーリー・ローズ）；ロサ・カニナ（ドッグ・ローズ）；ロサ・キネンシス（チャイナ・ローズ，和名コウシンバラ）；ロサ・フェドチェンコアナ；ロサ・フォエティダ（オーストリアン・ブライアーもしくはペルシャン・イエロー）；ロサ・ガリカ；ロサ・ギガンテア；ロサ・モスカタ（ムスク・ローズ）；ロサ・ムルティフローラ（ジャパニーズ・ローズ，和名ノイバラ）；ロサ・ピンピネリフォリア（ブルネット・ローズもしくはスコティッシュ・ローズ）；ロサ・ルビギノサ（エグランタイン，スイートブライアー）；ロサ・ルゴサ（和名ハマナス）；ロサ・センペルウィレンス（エバーグリーン・ローズ）；ロサ・セティゲラ（プレーリー・ローズ）；ロサ・ウィクライアナ（和名テリハノイバラ）。

オールド・ローズ

「ヘリテージ」または「ヒストリック」・ローズとも呼ばれるオールド・ローズは，ハイブリッド・ティー第1号が登場した1867年以前のグループに属する。起源はわかっていないことが多い。次にあげるのは広く入手できるグループで，夏咲き（一季咲き）と返り咲きに分けられる。

◉夏咲き（一季咲き）のオールド・ローズ

アルバ系　花は白または淡いピンク。青みがかった葉とともに大きな茂みを形成する。もっとも古く丈夫なのはロサ・アルバ・セミプレナで，「ヨーク家の白バラ」といわれている。ロサ・カニナとロサ・ガリカの交雑から生まれた。

ケンティフォリア系　キャベッジ・ローズまたはプロヴァンス・ローズとも呼ばれ，芸術家に好まれることが多い。品種数は少なめだが，ピンクの花弁が幾重にも重なる大きな花頭で知られている。1590年代にカロルス・クルシウスがライデン植物園で普及させた。起源はわかっていないが，ガリカ種とダマスク種の交雑によって生まれた可能性がある。

ダマスク系　イスラーム世界では大昔から栽培されていたが，ロサ・ダマスケナが西洋に紹介されたのは比較的遅い。夏咲きのダマスクには，絞り模様の‘ヴェルシコロール’（別名‘ヨーク・アンド・ランカスター’，1550年頃）や，純白の‘マダム・アルディ’（1832年）などがある。

ガリカ系　もっとも古いバラのひとつと考えられている。ランカスター家の赤バラは，半八重の赤い花が咲くロサ・ガリカ・オフィキナリス（別名‘ローズ・オブ・プロヴァン’）だったという説が有力である。ヨーロッパでは薬，化粧品，料理などに広く使われてきた。19世紀なかばはガリカ系の園芸品種が人気を集めたが，現在ではほとんど栽培されていない。古い品種のうち，深紅の‘シャルル・ド・ミル’（1790年頃），えんじ色の‘トスカニー・スパーブ’（1837年）は現在も人気がある。

モス系　がく片から茎にかけてなめらかな苔状の突起に覆われる突然変異種。19世紀に，とくにフランスでケンティフォリア系や，ときにはダマスク系から変異し，ピンクの人気品種が生まれた。かぐわしい樹脂のような香りを放ち，さわるとねっとりした触感がある。色は‘ウィリアム・ロブ’（1855年）のような暗紅色から，原型となった‘コモン・モス’（1700年頃）の鮮明なピンクまで幅広い。

◉返り咲きのオールド・ローズ

オータム・ダマスク系　ロサ・ダマスケナ・センペルフローレンス，別名‘ビフェラ’，‘フォー・シーズンズ’もしくは‘カトル・セゾン’とも呼ばれるこの花の起源は，まだはっきりわかっていないが，夏咲きダマスクの突然変異だったのではないかと考えられている。西ヨーロッパへの伝来時期も定かではない。ジョヴァンニ・フェラーリが『花の文化 *De Florum cultura*』（1633年）で言及しているように，古代ギリシアや古代ローマではすでに知られて

いたのかもしれない。基本のピンクのほかに白い品種もある。

ブルボン系　インド洋にあるレユニオン島で偶然の交雑によって生まれた。当時ブルボン島という名前だったレユニオン島は，1860年代のスエズ運河開通以前，ヨーロッパと極東を行き来する商船が定期的に利用する寄港地だった。1817年，植物学者のニコラ・ブレオンが，ピンクのチャイナ・ローズ‘オールド・ブラッシュ’と，濃いピンクのオータム・ダマスク‘カトル・セゾン’のあいだの生け垣で，若木を発見した。ブレオンはそれを移植し，種子をパリの育苗商アントワーヌ・ジャックに送った。ジャックは交配に取り組んだが，ハイブリッド・パーペチュアルにくらべるとまったく耐寒性がなかった。よく知られている品種に，濃いピンクの‘ルイーズ・オディエ’（1851年）や，淡いピンクで美しいカップ状の‘マダム・ピエール・オジェ’（1878年）がある。

チャイナ（ロサ・キネンシス／コウシンバラ）　世界最古のバラだが，イギリスやフランスに伝来したのは18世紀後半だった。4種のスタッド・チャイナ（第4章参照）を交配親として，19世紀にハイブリッド・チャイナやティー・ローズの品種改良が進み，のちのモダン・ローズ誕生につながった。温暖な気候を好むものもあるが，‘オールド・ブラッシュ’（別名‘ザ・マンスリー・ローズ’）は広く栽培されている。

ハイブリッド・パーペチュアル系　おもに19世紀なかばに，チャイナと他の初期品種（ブルボン系やポートランド系など）との交配を重ねて生まれた。おおむね返り咲きを期待できる屋外向きのバラである。見事な大輪で人気になったが，色のバリエーションはかぎられており，おさえた色調の藤色が多い。これまでに何千という種類が発表されているが，ハイブリッド・ティー系やフロリバンダ系の隆盛に押され，現在でも残っているものは数少ない。深い紫の‘ラ・レーヌ’（1842年），濃い藤色の‘レーヌ・デ・ヴィオレット’（1860年）などがそれにあたる。

ノワゼット系　19世紀初めアメリカで，ムスク・ローズのロサ・モスカタと，4種のスタッド・チャイナのひとつである‘オールド・ブラッシュ’との交配から生まれた。この系統の名作には，通常つるバラとして栽培される‘ブラッシュ・ノワゼット’や，淡いピンクから象牙色に変わる‘マダム・アルフレッド・カリエール’がある。

ポートランド系　小さなグループだが，濃い紫の‘インディゴ’（1830年）や，深いピンクの‘ジャック・カルティエ’（1868年）など，庭向きの品種が含まれている。原型の‘ポートランド・ローズ’（1750年頃）は，ダマスクと

ガリカの交雑種とされる。名前は，名園芸家だった2代目ポートランド公爵夫人マーガレット・キャヴェンディッシュ・ベンティンクに由来するというのが通説だが，裏付ける証拠はない。

ティー・ローズ（ロサ・オドラタ）系　ロサ・ギガンテアとロサ・キネンシスの交雑種である。西ヨーロッパではかなり温暖な地域でないと育ちにくい。ほとんどが‘ヒュームズ・ブラッシュ・ティーセンティド・チャイナ’と‘パークス・イエロー・ティーセンティド・チャイナ’から派生している。19世紀には薄いピンクの‘カトリーヌ・メルメ’（1869年）など，もっとも人気のある切り花として流通した。

モダン・ローズ

モダン・ローズは，ハイブリッド・ティー第1号‘ラ・フランス’が発表された1867年以降に誕生した系統である。分類は国によって異なる場合もある。次に広く栽培される系統をあげる。つる性も多い。

フロリバンダ系　20世紀初め，デンマークのポールセン社から発表された。ハイブリッド・ティー系（茎が長く大輪の一輪咲き）とポリアンサ系（小輪の大房咲き）の交配種。フロリバンダは中輪の房咲きで，ポリアンサよりも花が大きい。房咲きのため切り花などの観賞用には不向きだが，インパクトが必要な大規模植栽では人気が高い。

グランディフローラ系（アメリカのみ）　樹高のある大輪のフロリバンダで，代表例は濃いピンクの‘クイーン・エリザベス’（1954年）。

グランドカバー系　イギリスとドイツで開発された。コルデス社のカウンティ・シリーズなどがある。アメリカでは修景用として親しまれ，ノックアウト・シリーズの人気が高い。

ハイブリッド・ムスク系　20世紀前半に，イギリスではジョセフ・ペンバートン師とその庭師ジョン・ベントール，ドイツではペーター・ランベルトによって育種された。ムスク・ローズのロサ・モスカタの遠い親戚で，香りが強く，複数花をつける。ピンク系の‘コーネリア’（1925年）や‘フェリシア’（1928年）などがある。

ハイブリッド・ティー系　19世紀にもっとも人気があったティー・ローズ系とハイブリッド・パーペチュアル系の交配から生まれた。20世紀を代表するバラである。病気に強く，葉は濃い緑で，長い茎に大輪の花をひとつつけ，四季をとおして咲き，切り花にも向いている。この系統は100年以上バラの世

界に君臨し続けており，今も多くの人々にとって色も姿もバラの理想形となっている。つる性も多い。

ムルティフローラ，センペルウィレンス，ウィクライアナのランブラー系　非常に貴重なつるバラの系統。ウィクライアナには，白い‘アルベリック・バルビエ’（1900年）や淡いシェルピンクの‘ニュー・ドーン’（1930年）などがある。

ポリアンサ系　19世紀後半に作出された系統。小輪の房咲きで，フロリバンダ開発のもとになった。もっとも広く栽培されているものにミッドピンクの‘ザ・フェアリー’（1932年）がある。

ハイブリッド・ルゴサ系　中国，日本，韓国，シベリアで発見されたロサ・ルゴサ（和名ハマナス）の交配種。耐寒性があり，ほぼ病気にかからないため生け垣に使われることが多い。芳香性のものが多く，濃い赤紫色の‘ロズレ・ド・ライ’（1901年）などがある。

シュラブ・ローズ　木立ち性（ブッシュ）とつる性（クライミング）の中間の性質を持つバラ［半つる性や低木性と訳される］。オールド・ローズでもモダン・ローズでも多くの種類に認められる。‘ゴールデン・ウイングズ’（1958年）や‘カーディナル・ヒューム’（1984年）など。とくに，デビッド・オースチン作出のイングリッシュ・ローズのように，さほど密にならず混植に向くモダン・ローズに該当が多い。

付録　レシピ集

かならず殺虫剤不使用のバラを選ぶこと。虫の有無をつねにチェックし，不完全な花びらは取り除く。

バラを食する

◉バラ水

バラの花びら（できればダマスク・ローズが望ましい）
蒸溜水

1. 花びらを片手鍋に入れ，かぶるくらいの蒸溜水をそそぐ。
2. 花びらの色が完全に水に移るまで弱火であたためる。けっして沸騰させないこと。
3. 綿布で濾しながら清潔な瓶に入れる。
4. 冷蔵庫に保存すれば数週間は食用／化粧用に使える。

....

◉バラの花びらのジャム

分量はあくまでも目安なので好みによって加減する。花びらの色が濃いほど，色の濃いジャムになる。

バラの花びら*…100〜200*g*(¾カップ)
砂糖…500*g*（2カップ）
水…1000*ml*
レモン汁…2個分
ペクチン…少々
*芳香性のある赤もしくはピンクの花びら

1. ボウルに花びらと砂糖適量を入れ，砂糖をもみこむようにしながら手でつぶす。
2. ボウルにラップをかけ，涼しい場所に一晩おく。
3. 鍋に残りの砂糖，レモン汁，ペクチン，水を入れ，かき混ぜながら熱する。
4. 沸騰直前に2の花びらを加え，かき混ぜながら弱火で20分煮る（数分後に濾して花びらを除いてもよい）。
5. 最後に5分ほど沸騰させたあと，味をみる。
6. すこし冷ましてから滅菌瓶に入れ，保存する。

....

◉バラの花びらの砂糖漬け

バラの花びら
卵白
上白砂糖

1. バラの花びらを用意し，ペーパータ

オルにはさんで乾かす。
2. 卵白を泡立てる。
3. ピンセットでつまんだ花びらの両面に，絵筆を用いて卵白を塗る。
4. 浅型のボウルに入れた砂糖に花びらをつけ，両面にしっかりまぶし，クッキングシートを敷いた皿にならべる。必要な分量だけつくる。
5. 一晩おいて乾かしたあと，蓋付きの容器に入れ，常温で保管する。

◉ローズ・ウォッカ

このレシピを教えてくれたデヴォン州オッター・ファーム・キッチンガーデン校のマーク・ディアコノに感謝する。

バラの花びら*…片手いっぱい
ウォッカ…1000*ml*
砂糖
*ロサ・ルゴサ（ハマナス）か芳香性のある花びらを用意する

1. ウォッカを広口瓶に入れ，底から2.5センチ分の砂糖と片手いっぱいの花びらを加える。
2. 3日間おき，花びらの色が酒に溶けだしてから，濾して花びらを除く。
3. 冷やすか，好みの炭酸水で割って飲む。

◉ローズヒップ・シロップ

ローズヒップ…適量
水…1250*ml*
砂糖…800*g*程度

1. ローズヒップをミキサーで砕き，水を入れた片手鍋に加え，15分弱火で煮る。
2. 少なくとも1時間半は放置して成分を完全に抽出させてから，綿布で濾す。
3. 砂糖（ローズヒップ・ジュースの100*ml*につき65*g*）を加え，ゆっくり熱して沸騰させながら，砂糖が完全に溶けるまでかき混ぜる。
4. 蓋付きの滅菌瓶に保存すれば3か月はもつ。いったん開封したら冷蔵庫に入れること。

◉ローズヒップ・ジャム

ローズヒップ…適量
水
砂糖

1. 新鮮なローズヒップに水をかぶるくらい入れ，実がやわらかくなるまで煮る。
2. 種を取り除くためにローズヒップを裏ごしする。
3. 裏ごししたローズヒップ，それと同量の砂糖を汁に加え，花びらのジャムと同じ要領で完成させる。

◉ローズヒップ・シロップジャム

ローズヒップ…800*g*
砂糖…400*g*
オレンジジュース…150*ml*
水…150*ml*
レモン汁…1個分
シナモンスティック…1本
ペクチン…少々

1. ローズヒップを縦割りにして種を取り除く。
2. 片手鍋にローズヒップと砂糖200*g*を加え，蓋をして1晩おく。
3. 翌日，水とオレンジジュースを加え，実がやわらかくなるまで15〜20分弱火で煮る。
4. レモン汁，シナモンスティック，砂糖200*g*，ペクチンを加え，さらに5分弱火で煮る。
5. 濾したあと，熱いうちに瓶に入れる。

◉ローズヒップ・ティー

ローズヒップは生でも乾燥したものでもよい。ポットひとつぶんのお茶をつくるには，生なら大さじ1杯，乾燥したものなら小さじ1杯使う。

1. 沸騰したお湯を入れたポットにローズヒップを入れ，15分おく。
2. 濾してローズヒップを取り除いたあと，ハチミツで味をととのえる。

◉乾燥ローズヒップ

ローズヒップは簡単に乾燥できる。

1. ローズヒップを摘んで洗い，ペーパータオルで水気をとる。
2. クッキングシートを敷いた皿に，くっつかないようにならべる。
3. 暗所で2週間干したあと，縮んだものを瓶に保管する。

バラの香りを楽しむ

◉湿式ポプリ

孔のある蓋付きの陶製の壺で作製する（光を遮断しなければならないためガラス製は使わない）。

バラの花びら，レモンバーベナ，月桂樹もしくはローズゼラニウム（和名ニオイテンジクアオイ）の葉，ラベンダーの花
海塩…適量
シナモン，メイス（ナツメグの種子を覆う皮），ナツメグの粉末…それぞれ15*g*
レモンピール（砕いたもの）…15*g*
オリス根（イリスの根茎）の粉末…60*g*

安息香（あれば）…30*g*
バラ油もしくはローズゼラニウム油（あれば）…数滴

1. 天気のよい日に完全開花したバラを摘む。暖かくて風雨のあたらない場所に布を引いてならべる。
2. 翌日，陶製の壺に海塩をまぶしたバラの花びらを層状に入れていく。各層ごとにしっかり突き固める。
3. 3～4層ごとに，レモンバーベナ，月桂樹もしくはローズゼラニウムの葉，ラベンダーの花を入れる。花が沈んだらつぎたしていくが，速度はゆっくりなので数日～数週間はかかる。
4. 約6週間後，シナモン，メイス，ナツメグ，レモンピール，オリス根，あれば安息香を加える。バラ油もしくはローズゼラニウム油を数滴たらしてもよい。

スパイス等を加える段階には，花は粥状になっているはずである。壺を部屋に移動し，定期的にかき混ぜて香りを放散させる。

……………………………………………

◉乾式ポプリ

花は自分の好みや入手可能なものを選べばよいが，どの専門家もバラの花びらを主体にしてしっかり乾燥させることが重要だとしている。できるだけバラの花びらが大半になるようにしよう。花を乾燥させて混ぜ，固定剤として少量のオリス根を加える。香りを高めるため，バラ油数滴を定期的にたらす。

……………………………………………

◉バラのつぼみのドライフラワー

どのような形であれ，バラを1年中家に飾りたいという願いは古くからあった。エレノア・シンクレア・ローデによれば，エリザベス朝時代はバラを砂に入れて乾燥させたという。現在は乾燥剤のシリカゲルを使えば簡単にできる。短期間の使用であれば，バラの花束を逆さに吊してドライフラワーをつくってもよい。

1. ビスケットの空缶かプラスチック容器の半分までシリカゲルを入れる。
2. バラのつぼみをならべ，刷毛を使ってつぼみの内部にもシリカゲルを入れる。
3. つぼみが埋まるまでシリカゲルをたす。
4. 蓋をして，暖かく乾燥した場所に1週間おく。
5. つぼみの水分を吸収するとシリカゲルの色が変わってくるので，定期的にチェックしてつぼみを埋め戻す。
6. すっかり乾燥したらつぼみからシリカゲルの粉を落とす。シリカゲルはオーブンで乾燥させれば再利用できる。

注

序章　世界でもっとも愛される花

1　Carl Linnaeus quoted in Roy E. Shepherd, *History of the Rose* (New York, 1954), p. 4.
2　T. Su, et al., 'A Miocene Leaf Fossil Record of Rosa (*R. fortuita* n. sp.) from its Modern Diversity Center in SW China', *Palaeoworld* (2015), http.//dx.doi.org.10.1016/j.palwor.2015.05.019.
3　Edward A. Bunyard, *Old Garden Roses* (London and New York, 1936), p. ix.

第1章　いにしえのバラ

1　Pierre Cochet quoted in Roger Phillips and Martyn Rix, *The Quest for the Rose* (London, 1996), p. 10.
2　Ruth Borchard, 'Did Abraham know the Rose?', *Rose Annual*, XI (1962), pp. 128-9.
3　Oxyrhyncos Papyrus, 3313, quoted in Naphtali Lewis, *Life in Egypt Under Roman Rule* (Oxford, 1985), p. 80.
4　Martial quoted in Jack Goody, *The Culture of Flowers* (Cambridge, 1993), p. 63.
5　Ibid., p. 56.
6　Peter Harkness, 'The Muse of Lesvos and the Queen of Flowers', *Historic Rose Journal*, XXI (2006), p. 5.
7　Herodotus, *The Histories*, trans. Aubrey de Selincourt (London, 1976), p. 138.［ヘロドトス『歴史 下』松平千秋訳／岩波書店／1972年］
8　Gerd Krüssmann, 'The Centenary International Rose Conference 5-8 July 1976: The Rose in Art and History', *Rose Annual*, LXXI (1977), p. 71.
9　Linda Farrar, *Ancient Roman Gardens* (Stroud, 1998), p. 138.
10　*Roman Farm Management: The Treatises of Cato and Varro* [1918], ebook, trans. Fairfax Harrison.
11　Lesley C. Evans, 'Roses of Ancient Rome', *Rose Annual*, LXXII (1978), p. 37.
12　Wilhelmina F. Jashemski, 'The Flower Industry at Pompeii', *Archaeology*, XVI/2 (1963), p. 120.
13　Jennifer Potter, *The Rose* (London, 2011), p. 30.

14 Farrar, *Ancient Roman Gardens*, p. 138.

15 Wilhelmena F. Jashemski, '"The Garden of Hercules at Pompeii" (II.VIII.6): The Discovery of a Commercial Flower Garden', *American Journal of Archaeology*, LXXXIII/4 (1979), p. 409.

16 Dionysius the Sophist quoted in Goody, *The Culture of Flowers*, p. 59.

17 Alison Keith, *Propertius: Poet of Love and Leisure* (London, 2008), p. 33.

18 Ausonius, Epigrammata 'Rosa', 2:49: 'De rosis naescentibus'.

第2章　棘のないバラ

1 Alice Coats, *Garden Shrubs and their Histories* (London, 1963), p. 290.［アリス・M. コーツ『花の西洋史　花木篇』白幡洋三郎・白幡節子訳／八坂書房／1991年］

2 Penelope Hobhouse, *Gardens of Persia* (London, 2006), p. 34.

3 Edward A. Bunyard, *Old Garden Roses* (London and New York, 1936), p. 22.

4 Paedogogus II, 71, 4 quoted in Asaph Goor, *History of the Rose in the Holy Land Throughout the Ages* (Pittsburg, PA, 1981), p. 109.［「アレクサンドリアのクレメンス：『パイダゴーゴス』（『訓導者』）第2巻 全訳」秋山学著／「文藝言語研究. 言語篇」誌59巻／筑波大学文藝・言語学系出版／ 2011年3月31日］

5 Clement of Alexandria quoted in Eithne Wilkins, *The Rose-Garden Game: The Symbolic Background to the European Prayer-beads* (London, 1969), p. 116.

6 Story of St Alban, at www.stalbanscathedral.org, accessed 6 December 2017.

7 Anthony Lyman-Dixon, 'Radegund's Roses', *Historic Gardens Review*, 21 (2009), p. 31.

8 Ibid.

9 Ibid., p. 32.

10 Peter Harkness, 'Royalty and Roses', *Rose Annual*, CI (2007), p. 74.

11 Jack Goody, *The Culture of Flowers* (Cambridge, 1993), p. 150.

第3章　王家のバラ

1 Peter D. A. Boyd, 'The Towton Rose: Fact, Fancy and Fiction (Part 1)', *Historic Rose Journal* (2011), p. 10.

2 Ibid.

3 Thomas Penn, *Winter King: The Dawn of Tudor England* (London, 2011), eb-

ook.［トマス・ペン『冬の王――ヘンリー七世と黎明のテューダー王朝』陶山昇平訳／彩流社／ 2016年］

4 Ibid.

5 Ibid.

6 John Harvey, *Early Nurserymen: With Reprints of Documents and Lists* (London, 1974), p. 29.

7 John Gerarde, 'John Gerarde on Roses (Part 1 of 2)', *Rose Annual* (1981), p. 107.

8 Ibid., pp. 108-9. This is confirmed by François Joyaux, 'History of Roses in Cultivation: European (Pre-1800)', in *Encyclopedia of Rose Science*, ed. A. V. Roberts (Amsterdam, 2003), p. 397.

9 John Gerarde, 'John Gerarde on Roses (Part 2 of 2)', *Rose Annual* (1982), p. 117.

10 'Aleppo: The Life of a Flower-seller', www.channel4.com (UK), 22 August 2016.

第4章　モダン・ローズの誕生

1 William Paul, *The Rose Garden* (London, 1848), p. 5.

2 Alice Coats, *Garden Shrubs and their Histories* (London, 1963), p. 299.［アリス・M. コーツ『花の西洋史　花木篇』白幡洋三郎・白幡節子訳／八坂書房／1991年］

3 すばらしい芳香で多くの賞を獲得したハイブリッド・ティー系の〈ザ・マカートニー・ローズ〉（1991年）と混同しないこと。

4 ゴア夫人の著作に注意を喚起してくれたロバート・カルキンに感謝する。Robert Calkin, 'The Tea Fragrance', *Rose Annual*, C (2006), p. 76.

5 Roger Phillips and Martyn Rix, *The Quest for the Rose* (London, 1996), p. 105.

6 Ethelyne Emery Keays, *Old Roses* (London, 1978), p. 171.

7 Jack Harkness, *The Makers of Heavenly Roses* (London, 1985), p. 23.

8 Ibid., p. 32.

9 Ibid.

10 Charles Quest-Ritson and Brigid Quest-Ritson, *The Royal Horticultural Society Encyclopedia of Roses* (London, 2003), p. 57.［チャールズ・クエスト＝リトソン／ブリジット・クエスト＝リトソン『バラ大図鑑――イギリス王立園芸協会が選んだバラ2000』小山内健監修／主婦と生活社／2019年］Harkness, *Makers of Heavenly Roses*, p. 32.

第5章　平和の象徴〈ピース〉と世界のバラ

1　Jack Harkness, *The Makers of Heavenly Roses* (London, 1985), p. 100.
2　Ibid., p. 121.
3　Ibid., p. 63.
4　Charles Quest-Ritson and Brigid Quest-Ritson, *The Royal Horticultural Society Encyclopedia of Roses* (London, 2003), p. 409.［前掲］
5　Personal correspondence with Girija and Vira Viraraghavan.

第6章　バラ園――ロザリウムからラ・ロズレまで

1　Quoted in Todd Longstaffe-Gowan, *The London Town Garden, 1740-1840* (New Haven, CT, and London, 2001), p. 102.
2　Ibid., p. 220.
3　Sir Robert Ker Porter, *Persia in Miniature*, vol. III, quoted in [Elizabeth Kent], *Flora Domestica* (London, 1825), p. 371.
4　'Thomas Jefferson's Notes on Poplar Forest Plantings and Geography, 1 February 1811-6 October 1821', founders.archives.gov, 28 December 2016.
5　Anna Pavord, 'A rose by any other name just won't do', *The Independent*, 27 November 1993.
6　François Joyaux, 'Roses of the Empress Joséphine', *Historic Rose Journal*, XIX (2000), p. 21.
7　Ibid., p. 25.
8　Nadine Villalobos, *A Treasury in L'Haÿ-les-Roses: The Roseraie du Val-de-Marne* (Paris, 2006), p. 40.
9　Charles Quest-Ritson and Brigid Quest-Ritson, *The Royal Horticultural Society Encyclopedia of Roses* (London, 2003), p. 47.［前掲］

第7章　新たなバラ園

1　Graham Rose, P. King and D. Squire, *The Love of Roses* (London, 1990), p. 66.
2　William Robinson, *The English Flower Garden* (London, 1883), p. 184.
3　Gertrude Jekyll and E. Mawley, *Roses for English Gardens* (London, 1902), p. 66.
4　Ibid., p. 70.
5　Ibid. p. 71.
6　The Royal National Rose Society went into liquidation in 2017.
7　Vita Sackville-West, 'Roses in the Garden', *Journal of the Royal Horticultural Soci-*

8 Vita Sackville-West and Sarah Raven, *Vita Sackville-West's Sissinghurst* (London, 2014), p. xiv.

9 Vita Sackville-West, 'Old Garden Roses', *Rose Annual* (1947), p. 81.

10 Sackville-West, 'Roses in the Garden', p. 431.

11 Catherine Horwood, '1940-59: A New Era', in *The Gardens of England: Treasures of the National Gardens Scheme*, ed. G. Plumptre (London, 2013), p. 68.

12 Graham Stuart Thomas, *Shrub Roses of Today* (London, 1974), p. 32.

13 Proclamation 5574 - Designation of the Rose as the National Floral Emblem of the United States of America, www.reaganlibrary.archives.gov, 20 November 1986.

14 Marta McDowell, *All the President's Gardens* (Portland, OR, 2016), pp. 213-14.

第8章　バラと文学

1 Quatrain by Empress Yang Meizi (r. 1202-24), at http://metmuseum. org/art/collection, accessed 6 December 2017.

2 See R. L. Anderson, 'Metaphors of the Book as Garden in the English Renaissance', *Yearbook of English Studies*, XXXIII (2003), pp. 248-61.

3 Caroline Spurgeon, *Shakespeare's Imagery and What It Tells Us* (Cambridge, 1968), p. 86.

4 Barbara Seward, *The Symbolic Rose* [1954] (Dallas, TX, 1989), p. 63.

5 Sir Robert Ker Porter, *Persia in Miniature*, vol. III, quoted in [Elizabeth Kent], *Flora Domestica* (London, 1825), p. 371.

6 W. B. Yeats, 'The Wind Among the Reeds' (1899), quoted in Seward, *The Symbolic Rose*, p. 92.

第9章　バラと音楽・舞踊

1 John E. Stevens, *Music and Poetry in the Early Tudor Court*, pp. 364-5, Penn, *Winter King: The Dawn of Tudor England* [前掲] より引用。

2 Valentine Hugo quoted in Françoise Reiss, *Nijinsky: A Biography*, trans. H. and S. Haskell (London, 1960), p. 89.

3 Ibid., p. 90.

4 Romola Nijinsky, *Nijinsky and The Last Years of Nijinsky* (London, 1980), p. 137.[日本では「*The Last Years of Nijinsky*」(1952年) が邦訳されている。R.ニジンスキー『その後のニジンスキー』市川雅訳/現代思潮社/1977年]

5　同前

6　同前

第10章　バラと美術

1　Painton Cowen, *Rose Windows* (London, 1990), p. 7.

2　Ibid., p. 91.

3　Jane Ashelford, *The Art of Dress: Clothes and Society, 1500-1914* (London, 1996), pp. 40-41.

4　Graham Stuart Thomas, *The Graham Stuart Thomas Rose Book* (London, 2004), p. 21.

5　Quoted in Marianne Roland Michel, 'Is Botany an Art?', in *The Floral Art of Pierre-Joseph Redouté*, ed. M. R. Michel (London, 2002), p. 19.

6　Mary Delany to Anne Dewes, 15 September 1759, quoted in Clare Browne, 'Mary Delany's Embroidered Court Dress', in *Mrs Delany and Her Circle*, ed. Mark Laird and Alicia Weisberg-Roberts (New Haven, CT, and London, 2009), p. 79.

7　Edward Bunyard, 'The Rose in Art', *Rose Annual* (1938), p. 47.

8　William Morris quoted in Thomasina Beck, *The Embroiderer's Flowers* (Newton Abbot, 1992), p. 142.

第11章　花束・花びら・香水

1　*The Young Ladies' Journal Language of Flowers* (London, 1869), p. 222.

2　Gertrude Jekyll and E. Mawley, *Roses for English Gardens* (London, 1902), p. 73.

3　Sir William Ouseley, *Travels in the East*, vol. III, pp. 352-3, quoted in [Elizabeth Kent] *Flora Domestica* (London, 1825), pp. 372.

4　Nadine Villalobos, *A Treasury in L'Haÿ-les-Roses: The Roseraie du Val-de-Marne* (Paris, 2006), p. 102.

5　P. A. van de Pol, 'History of Roses in Cultivation: History of the Perfume Industry', *Encyclopedia of Rose Science*, vol. I, ed. A. V. Roberts (Amsterdam, 2003), p. 411.

6　Quoted in Margaret Willes, *The Gardens of the British Working Class* (New Haven, CT, and London, 2014), p. 142.

7　Mark P. Widrlechner, 'History and Utilization of *Rosa damascena*', *Economic Botany*, XXXV/1 (1981), p. 47.

8 Michael R. Hayward, 'The Roses of Perfumery', *Hortus*, VII/2 (1993), p. 44.

9 'The Soul of the Rose', www.bbc.co.uk/news, 23 August 2017.

10 Lizzie Ostrom, *Perfume* (London, 2015).

11 Inna Dufour Nannelli, *Roses: The Sweet Scent of Flowers*, trans. Katharine S. Bennett-Powell (Milan, 2002).

12 Luca Turin and Tania Sanchez, *Perfumes: The A-Z Guide* (ebook, 2010).［ルカ・トゥリン，タニア・サンチェス『世界香水ガイド2★1885——「匂いの帝王」が五つ星で評価する』芳山むつみ訳／原書房／2010年］

キャサリン・ホーウッド（Catherine Horwood）
イギリスの社会史家。30年以上にわたって園芸に従事し，自身の3庭園をナショナル・ガーデン・スキーム（個人庭園を一般公開して収益を寄付にあてる団体活動）に登録しているほか，団体の補佐役も務める。ロンドン大学で学び，女性史，服飾史，園芸史，園芸などについて執筆活動を展開。おもな著作に『*Gardening Women: Their Stories From 1600 to the Present*（女性と園芸：1600年から現代まで）』（2020年）『*Beth Chatto: a life with plants*（ベス・チャット：植物と歩んだ人生）』（2020年）『*Keeping Up Appearances: Fashion and Class Between the Wars*（装いの意味：大戦間のファッションと階級）』（2011年）など。

駒木令（こまき・りょう）
翻訳家。ポピュラー・サイエンスから人文科学，英米文学まで幅広い分野の翻訳に携わる。訳書に『花と木の図書館 チューリップの文化誌』（原書房／2020年）。

花《はな》と木《き》の図書館《としよかん》

バラの文化誌《ぶんかし》

●

2021年3月24日　第1刷

著者……………キャサリン・ホーウッド
訳者……………駒木《こまき》　令《りょう》
装幀……………和田悠里
発行者……………成瀬雅人
発行所……………株式会社原書房

〒160-0022 東京都新宿区新宿 1-25-13
電話・代表 03(3354)0685
振替・00150-6-151594
http://www.harashobo.co.jp

印刷……………新灯印刷株式会社
製本……………東京美術紙工協業組合

ISBN 978-4-562-05869-3, Printed in Japan